中学受験国語

記述の技術40

若杉朋哉　著

はじめに

こんにちは。著者の若杉朋哉です。

本書『中学受験国語　記述の技術40』は、中学受験の国語の記述問題を解くときに使いこなしたい四〇個の「記述の技術」を詳しく説明した参考書です。

本書の目的はズバリ、

記述問題を解くときに使えると絶対に有利な四〇個の「記述の技術」を身につけてもらうこと

これだけです。

私がこれまでに指導してきた経験をふまえ、記述問題を解くときに知っているか知らないかだけでも大きく差がつく、特に重要度の高い四〇個の「記述の技術」をお伝えします。

難しいことは言いません。

本書を読んで、実際に「記述の技術」を使ってみてください。

中学受験生のみなさんが読んで、そして実際に使うことができるように、なるべくわかりやすく書くことを心がけました。

「記述の技術」は全部で四〇個ありますが、すべて使いこなせなくとも構いません。まずは一つでも二つでも、自分にとって使いやすい技術から使ってみてください。それだけでも十分、効果があります。そしてもう少しやれそうだったら、三つ、四つと、使える技術を増やしていけばよいでしょう。

本書『中学受験国語　記述の技術40』が、記述問題に取り組む中学受験生のみなさんの一助になることを心より願っています。

二〇二三年春

著　者

本書の効果的な使い方

本書では、記述問題を解く上で役に立つ四〇個の「記述の技術」と、「記述問題の四つのパターン別の書き方」を説明しています。基本的には前から後ろへと読み進めながら、一つ一つの「技術」を理解していってください。難しいと思ったところがあれば、いったんは飛ばして進んでも構いません。最後まで読んでからまた戻って読み返してみることで、最初に読んだときにはわからなかったことがわかるようになることはよくあります。また、一度はわかったつもりになった技術も、繰り返し読んでみることで、理解が深まります。そうした意味で、本書を繰り返し読んで、「技術」を頭に入れてください。

ただし、「技術」を頭で理解することができても、実際に使えるようになるかどうかはまた別の問題です。そして「技術」は使いこなしてこそのものです。本書を読んで理解した後、あるいはそれと並行して、「技術」を使う練習をしましょう。使いやすそうな技術、自分に必要だと思われる技術から一つ一つ使ってみて、徐々に使える技術を増やしていってください。一つ二つと使える技術が増えていくことで、確実に記述力が増していくはずです。また、はじめは意識して使っていた技術も、練習を重ねていくうちに、あまり意識せずに使えるようになっていくでしょう。「守・破・離」という言葉がありますが、まずは「技術」を理解して身につけ、次に自分なりに研究やアレンジをして、最終的には自分のものとして自在に使えるようにする――そうなったら本物ですね。

目次

はじめに……2
本書の効果的な使い方……4

第一章　読み方の技術

技術1　本文を最後まで読んでから解く……10
技術2　論説文は対話と予測で読む……12
技術3　論説文のマーク①　主張表現・強調表現……16
技術4　論説文のマーク②　具体例の前後のまとめ部分……20
技術5　論説文のマーク③　問いと答え……22
技術6　論説文のマーク④　言葉の定義……23
技術7　論説文のマーク⑤　対比……25
技術8　論説文のマーク⑥　キーワード……27
技術9　論説文のマーク⑦　譲歩構文と「むしろ」……29
技術10　物語文は映像化しながら読む……31
技術11　物語文は登場人物の不満・悩み・気づきに着目して読む……33

技術12　物語文のマーク❶　登場人物の情報……35
技術13　物語文のマーク❷　登場人物の気持ち……37
技術14　詩をミクロに読む（同化して、五感を働かせながら読む）……42
技術15　詩をマクロに読む（テーマと作者の伝えたいことを読む）……47

第二章　解き方の技術

技術16　設問文の「聞かれていること」と「条件」にマークする……54
技術17　傍線部のルール❶　傍線部を含む一文は丁寧に読む……56
技術18　傍線部のルール❷　傍線部はいくつかの部分に分けて考える……59
技術19　傍線部のルール❸　傍線部内の指示語・比喩・わかりにくい表現は具体化して言いかえる……61
技術20　傍線部のルール❹　傍線部内の言葉と同じ言葉・似た言葉に注目する……63
技術21　傍線部のルール❺　傍線部内に省略された主語・述語・目的語を補う……66
技術22　本文主義／解答の根拠をもとに解答を作る……69
技術23　本文主義／なるべく本文の言葉を使って書く……74
技術24　短く分けて考える……78
技術25　解答の根拠にマークして、解答要素をそろえてから書く……82
技術26　解答のルール①　主語・述語・目的語のわかりやすい文にする……85

技術27　解答のルール②　指示語・比喩・わかりにくい表現は具体化して言いかえる……88
技術28　解答のルール③　具体例は抽象化して言いかえる……93
技術29　解答のルール④　文末表現に注意する……97
技術30　長い解答を書くときの手順……98
技術31　長い解答は分けて書く……106
技術32　解答の要素は多めに入れる……109
技術33　名詞化と抽象化で字数を減らす……112
技術34　必要な情報は補って書く……115
技術35　「理由」とは「結果」を直接的に生み出すもの……118
技術36　「目的」や「意味内容」も「理由」になる……122
技術37　「違い」や「変化」は「対比」で書く……126
技術38　なるべく多くの「気持ち」を入れる……129
技術39　「気持ち」は「自分に対する気持ち」と「相手に対する気持ち」の両方を考える……131
技術40　自分の書いた解答を読み直してみる……133

第三章　記述問題の四つのパターン

記述パターン1　言いかえ問題……137

記述パターン２　理由問題……144
記述パターン３　まとめ問題……156
記述パターン４　気持ち問題……162
記述問題におけるその他の注意事項……176
付録１　記述の技術40　チェックシート……180
付録２　記述問題の四つのパターンの書き方の手順……183
付録３　よく使う気持ちの言葉50……186

第一章　読み方の技術

技術1　本文を最後まで読んでから解く

かつて教えていた生徒さん（仮にA君としましょう）の話です。

テストの振り返りを一緒にしてほしいというので、数日前に受けたというテストの問題とA君の答案を見せてもらいました。するとその中に、明らかにおかしな解答があることに気がつきました。**本文を最後まで読んでいれば決して間違いようのない問題を間違えていた**のです（たとえていえば、童話「ウサギとカメ」の話。最後まで文章を読んでいればカメが勝つことは明らかですね。しかし、A君の答案はウサギが勝ったことになっていた——それくらい明らかな間違いといえば伝わるでしょうか）。

文章自体はとても正確に読む力のあるA君なので、本文を最後まで読んでいれば、そんな明らかな読み間違いをするはずがありません。そこで私は、

「もしかして……本文を最後まで読まずに解いてない？」とたずねてみました。すると案《あん》の定《じょう》、A君は本文を最後まで読まずに解いているといいます。つまり、**本文の傍《ぼう》線部まで読んだらそこで設問を解き、また次の傍線部まで読んだらそこで設問を解き……というように、本文を読みながら問題を解いていた**というのです。

やはり。どうりで最後まで読んでいれば明らかにわかることが書けていなかったわけだ……。

もちろん、A君には、本文は最後まで読んでから解くようにと伝えました。そしてA君はその後、本文を最後まで読んでから解くようになったため、そのようなおかしな間違いは一切なくなりました。もともとよく読めるA君だったので、記述解答が安定したことは言うまでもありません。

……でも、これはA君の責任ではありません。

本文を最後まで読んでから解くということを伝えていなかった、私が悪いのです。

私には、「本文を最後まで読んでから解くのが当たり前だ」という思い込みがあったため、A君も当然そのように解いているものと思い込んでしまっていたのです。

ですから本書でも、最初にみなさんにお伝えしておこうと思います。

国語の読解問題は、原則として、本文を最後まで読んでから設問を解きましょう

その一番の大きな理由は、先ほどのA君の例のように、本文を最後まで読まないと正しく解くことができない問題があるからです。最後まで読んでいればカメが勝ったことは明らかなのに、途中の段階で解くと、ウサギが勝ったかのような解答を書いてしまうかもしれません。極端な例ですが、最後まで読まないと正しく解けない問題は結構多いです。そもそも、問題作成者は、本文を最後まで読んでから問題を作成しているのですから。

ただし、これはあくまで「原則として」です。例外もあります。

①　漢字、語彙《ごい》、文法などの知識系の問題

②　空欄《らん》に適切な接続語などを入れる問題

などは、本文を読みながらその場で解いてしまった方が解きやすいものもあるでしょう。ですから、知識系の問題や、接続語などの空欄補充問題は、読みながら解いても構いません。そこは臨機応変《りんきおうへん》に。

とはいえ、記述問題に限っていえば、**本文を最後まで読んでから解く**のが間違いありません。とても大切なことなので、本書の最初の「技術」として書いておきます。

技術2　論説文は対話と予測で読む

これもかつて教えていた生徒さん（仮にBさんとします）の話です。

あるときBさんから、こんな質問を受けました。

「本文を読んでいて、目では読んでいるんですけど、内容があまり頭に入ってこないんです……」

なるほど。みなさんにもこういう経験ってありませんか。目では文字を追っているのに、文章の内容が頭に入ってこない――つまり、表面的な読みになっていて、深く読めていない状態って。

中学受験国語の読解問題の出題文として使われる「論説文（説明文を含む）」の多くは、もともと小学生に向けて書かれた文章ではありません。だから、論説文を読んでいるときに、

「なんだかムズカシイなあ……頭に入ってこないなあ」

と感じるのも無理はありません。ムズカシイと感じて、頭に入ってこない気がするのが当然なのです。

とはいえ、ムズカシイから読まなくてもいいとはなりませんので、少しでも頭に入りやすい読み方の「技術」を一つ身につけましょう。まあ、「技術」といってもそんなに大袈裟《おおげさ》なものではありませんが。ちょっとしたコツのようなものです。私はBさんにひとつ、こんなアドバイスをしました。

対話しながら読んでごらん

え？……「対話」ってどういうこと？

そう思いますよね。Bさんもそのとき、そんな表情を浮かべていました。

ここでの「対話」とは、**文章（あるいは筆者）と対話をしながら読む**ということです。要するに、「これってどういうこと？」「なんでそんなこと言うんだろう？」と**疑問**を抱いたり、「なるほど、そういうことか！」と**相づち**を打ったり、「わかるなあ。僕も（私も）そう思う」などと**共感**したりしながら文章を読むということですね。

論説文ってどうしても、一方的に説明されている感じがして、文字を目で追ってはいても、なんとなく頭に入ってこない感じがしませんか。聞きたくもない話を聞かされているような……。だから読んでいるつもりなのに、読めていない……。

でも、**疑問**を抱いたり、**相づち**を打ったり、**共感**したりして、**「対話しながら読む」**ことで、自分が文章の中に入っていくことができます。**「読まされている感」がなくなる**んですね。そして、文章やその先にいる筆者が身近に感じられるようになります。だから表面的な読みではなく、自然と深く読むことができるようになるというわけです。だまされたと思って、ちょっとやってみてください。結構違いますよ。

＊　＊　＊　＊

また、先ほどのBさんにはこんなアドバイスもしました。

予測しながら読んでみるといいよ

これもやはり、文章を深く読むためのコツのひとつです。

目で追っているだけで、話が頭に入ってこない状態というのは、文章の内容自体がムズカシイだけでなく、自分が受け身になっているからというのも大きいのです。文章の内容自体は変えられないのですから、こっちが変わるしかありませんよね。その方法の一つが、予測しながら読むことなんです。

これは先ほどお話しした**「対話しながら読む」**ができるようになってからでも十分ですが、ぜひ、「これまでの流れからすると、次に筆者はこんなことを言うんじゃないかな……」などと予測しながら読んでみてください。たとえばこんな感じです。

▼筆者「地球の環境問題を考えると、近代以降の人間中心主義は限界を迎えています。なぜなら……」

▽あなたの予測「あ、筆者はきっと、人間が自分の都合に合わせて自然を破壊してきたことを批判しようとしているんだな」

また、こんな場合もあるかもしれません。

▼筆者「私たちは自分の考えや判断が正しいことを確認し、安心するために情報を得ようとします。ところが、テレビやＳＮＳなど、さまざまな情報があふれている現代では、その逆のことが起こっています。」

▽あなたの予測「逆のこと？　それって情報があふれすぎて、どれを信じていいかわからなくなって、逆に不安になるってことかな？」

このように書くと、「いちいちそんなに考えていたら、読むのが遅くなってしまうんじゃない？」と不安に思うかもしれませんね。でも実際には、こうした予測は、読みながら瞬時に行われているものです。そして予測しながら読むことで文章に深く入れるので、文章理解が高まり、むしろスピードアップにつながります。

ちなみに、**予測は外れても別に構いません。**なぜかといえば、**「筆者はどんなことを言うのかな？」と予測をすることで、文章に対する興味関心が起こり、文章の中に入っていけること自体が大切だから**です。すなわち、受け身ではなく、自分から文章を読む姿勢に変わるんですね。それこそが大事なんです。

予測が当たっていれば、「やっぱり思った通りだ！」と喜んで読めばいいし、たとえ予測が外れても、「なるほど、筆者はそう来るのか！　それは思いつかなかったな～」などと、こちらも興味を持って読むことができますよね。この差はとてつもなく大きいですよ。

技術3　論説文のマーク①　主張表現・強調表現

さてここからは、実際に本文を読んでいくときに、どこに「マーク（線引き）」をしながら読めばいいのかという話です。よく「大切なところにマークして読もう」などと言われることがありますが、その「大切なところ」がどこなのかがわからないから線が引けないんですよね。——というわけで、「大切なところとはどこなのか」ということを明らかにしながら、マークすべきところを説明していきます。

ただその前に、「マーク（線引き）」とはそもそも何のためにするのでしょうか。——念のため、ここのところからお話ししていきたいと思います。

記述問題を解くためには、まずは本文を正しく理解する必要があります。本文を正しく読み取れなければ記述問題は解けません。——当たり前といえば当たり前ですね。

ところが、中学受験国語の読解問題の文章を正しく読むことはなかなかムズカシイ……。すでにお話ししたように、中受国語で用いられる文章は、そもそも小学生向けの文章ではありませんからね。ムズカシイと感じて当然なんです。ただ、それでも解くためには正しく読まなければなりません。何かいい方法がないでしょうか……。

はい。その答えの一つが「マーク（線引き）」なんですね。マークをすることによって、本文を正しく読む手掛かりができます。少し長くなるかもしれませんが、大切なことなのでよく頭に入れてくださいね。

まず、中学受験国語の読解問題は、大きく次の三つの文章のタイプに分けることができます。

1　論説文（説明文も含む）
2　物語文
3　随筆

そしてそれぞれの文章のタイプによって、何を読み取るべきかが違ってきます。

ここではまず、「論説文（説明文も含む）」を読むときの心がけをお話しします。簡単に言えば、

論説文で特に大切なことは、「筆者の言いたいこと」を読み取ることです。

たったこれだけなのです。言われてみれば簡単ですね。――とはいえ、「筆者の言いたいこと」とは、文章のどこから読み取ればいいのでしょうか。別の言い方をすれば、「筆者の言いたいこと」とは、文章のどこに書かれているのでしょうか。

はい。それが【技術3】～【技術9】でお話しする**「論説文のマーク」**に示した七つの箇所です。

読解問題では、最初に本文を読むときに（これを「一読目」と呼びます）、「論説文のマーク」に示した七箇所にマークすることで、「筆者の言いたいこと」が読み取りやすくなります。

論説文の一読目には「論説文のマーク」の七箇所にマークしながら読む

ちなみに、ここでいう「マークする」とは、――線を引いたり、〈　〉や「　」、あるいは○印などをつけたり

することを指します。マークの仕方はどれでも構いません。自分のやりやすいマークの仕方でよいでしょう。

ではここからは、「論説文のマーク」としてマークすべき一つ目の箇所について詳しく説明していきます。論説文の一読目には、**主張表現・強調表現をマークする**ということです。

論説文では、何かしら筆者の主張したいことや強調したいことが書かれています。そしてその部分が「筆者の言いたいこと」に当たります。ですから、文章中の主張表現や強調表現は、「筆者の言いたいこと」を読み取るための一番わかりやすい目印になります。

▼**主張表現**とは、筆者の意見や考えを強く読者に勧めたり、訴えかけたりする表現のことです。

代表的な主張表現――**「しよう」「した方がいい」「すべき」「ねばならない」「〜ではなかろうか」「〜でよいのだろうか（反語）」**など。

▼**強調表現**とは、意見や事実を強調する表現です。

代表的な強調表現――**「必要」「重要」「大切」「こそ」「まさに」「実は」「問題は」**など。

[例1] 織田信長を倒すためには、大勢の大名の力を借りなければならない《主張表現》。

[例2] 織田信長を倒すのに、たったこれだけの鉄砲でいいのだろうか《主張表現（反語）》（いや、いいはずがない）。

[例3] 織田信長を倒すには、やはり明智光秀の力が必要《強調表現》だ。

［例4］織田信長を倒せるかどうかは、まさに《強調表現》本能寺の変にかかっている。

主張表現や強調表現が用いられている一文は、「筆者の言いたいこと」が書かれている一文として大切です。一文全体をマークしておきましょう。

なお、具体的な主張表現や強調表現は事前に覚えてしまい、論説文の一読目の際に、素早くマークできるようにするのが望ましいですね。

技術4　論説文のマーク②　具体例の前後のまとめ部分

論説文には、必ずと言っていいほど「具体例」があります。筆者の体験談であったり、さまざまな事実の記述だったり……。ですがそもそも、具体例とは何のために書かれるのでしょうか。

——簡単に言えば、**具体例とは、筆者が自分の言いたいことをわかりやすく読者に伝えるために書かれている**のですね。逆に言えば、具体例があるということは、その具体例を通して何かしら筆者の言いたいことがあるわけです。そして多くの場合、**筆者の言いたいことは具体例の直前か直後に書かれています**。次のような「サンドイッチ」のイメージですね。

筆者の言いたいこと ← 具体例 ← 筆者の言いたいこと

「筆者の言いたいこと」は、具体例の前にあるかもしれませんし、後ろにあるかもしれません。または、具体例の前後両方に書かれているかもしれません。これは文章によって異なります。しかしいずれにせよ、具体例があれば、必ずその具体例を通して読者に伝えたい「筆者の言いたいこと」があるわけですね。そしてそれは、**具体例をまとめた**

ような文章（抽象化した文章）になっているはずです。ここをマークしておきます。

論説文の一読目には、「この具体例を通して筆者は何を言いたいのだろう」と意識しながら、具体例の前後に書かれている具体例のまとめ部分を見つけましょう。特に、「つまり」「すなわち」「要するに」「このように」などの「まとめ言葉」に着目してマークすると、筆者の言いたいことが見つかりやすいですよ。

［例］明智光秀は心配で仕方なかった。もし信長に知れてしまったら、自分ばかりか親族一同の命はないだろう。あの知略と野性的なカンに優れた信長のことだ、すでに自分の策略をどこかでかぎつけているかもしれない。そんなことを考えると、夜も眠れなかった。つまり【具体例の前後のまとめ部分】「明智光秀はできることなら本能寺の変を起こしたくなかったのである。」

技術5　論説文のマーク③　問いと答え

多くの論説文では、筆者は自ら問いをたて、それに自ら答えることで話を進めていきます。

問い「なぜ○○なのだろうか」　↓答え「それは××だからである」

問い「○○とはなんだろう」　↓答え「○○とは××である」

問いと答えでは、**特に「答え」の部分が重要**です。**問いに対する答えの部分が筆者の言いたいことになっているからです。**論説文の一読目では、問いと答えにマークをすることで、筆者の言いたいことを読み取りましょう。問いにQ、答えにAなどとマークしてもいいかもしれません。（QはQuestion のQ、AはAnswer のAです。）

[例]「Q(問い)どうして信長はあんなに自信過剰で傲慢《ごうまん》な人物なのに人気があるのだろう。」常に自分が正しいと思っていて、周りの人の意見を聞かない人物だったらしいではないか。でも、自信過剰で傲慢だったからこそ、強いリーダーシップを発揮し、誰も成し遂げなかった改革を次々と実行することができたとも言える。そんな改革者・信長のカリスマ的な魅力に、多くの人はひかれるのかもしれない。つまり、「A(答え)信長の人気の秘密は、その自信過剰で傲慢な人物だったからこそ発揮できたリーダーシップとカリスマ性にあるのだろう。」

技術6　論説文のマーク④　言葉の定義

「定義」という言葉を、いま手元にある辞書で調べてみると、こうあります。――ある概念の内容やある語の意味を、他と区別できるように明確に限定すること。また、その限定された内容や意味。

う〜ん。わかるようでわからないですね。簡単に言うと、Aの定義とは、「Aとは○○である」という文章で表せる意味内容のことです。たとえば、「親友とは、最も親しい友達のことである」というのが親友の「定義」になります。「親友」＝「最も親しい友達」の関係が成り立つということですね。

言葉の定義は、その言葉を筆者がどうとらえているのかという、その言葉に対する筆者の結論になっています。だから、定義に着目することはとても大切なんですね。その文章のテーマやキーワードについての定義は特に重要だと考えましょう。論説文の一読目では、**「とは」「ということは」「というのは」などの、定義を導く表現にマークしておく**とわかりやすいでしょう。

[例]　野口英世は貧しい農家に生まれ、一歳で左手に大火傷を負ったハンディキャップを克服し、ほぼ独学のみで医師となり、さらには細菌学者として世界的な名声を得た。二十一世紀の現在に至るまで、日本では子供向けの野口英世の伝記が多数刊行され続けており、医学研究者としては非常に知名度が高い。多くの日本人にとって、野口英世とは、まさに日本の立身出世型のヒーローなのである。

言葉の定義

言葉の定義

［例］逆説とは、一見真実に反するように見えて、よく考えると一面の真理を表している説のことだ。たとえば、野口英世である。逆説的に言えば、野口英世は身体的な障害を負ったからこそ、世界的な医学者になることができたともいえるのではないだろうか。なぜなら、左手に障害があったからこそ、英世の母は彼に学問の道を進ませたからである。もし左手に障害がなければ、農家の長男だった彼はそのまま農家を継ぎ、学問の道には進まなかっただろう。

技術7　論説文のマーク⑤　対比

多くの論説文では、二つのことがらが「対比」されながら話が進みます。日本と欧米、近代と現代、都市と農村、人間とＡＩ……などなど。でも、どうしてそんなに「対比」がよく用いられるのでしょうか。――それは、対比をすることによって、二つのことがらの違いが明らかになり、読者にわかりやすく伝わるからです。たとえば、日本の良いところばかりを延々と述べるよりも、欧米と比べてどんなふうに日本がよいのかを述べた方が、日本の良さが伝わりやすくなりますよね。

また、多くの場合、「対比」をすることによって、「筆者が良いと思っているもの（プラス）」が強調されます。先ほどの例でいえば、「日本の良いところ（プラス）」と「欧米のあまり良くないところ（マイナス）」を比べることによって、読者に「日本の良いところ（プラス）」を強調するわけですね。そしてそれが筆者の言いたいことになっているわけです。

論説文では、「対比」を意識しながら読むことが筆者の言いたいことの理解に大きく役に立ちます。論説文の一読目では、**プラス（＋）とマイナス（－）の対比が明らかな場合には、「＋」「－」のマークをつけておく**とよいでしょう。

［例］グローバル化（＝文化、経済、政治など人間の諸活動、コミュニケーションが、国や地域を越えて地球規模で行われるようになること）によって、⊕環境問題などの地球規模での問題への解決が可能となりつつあるが、文化的に見れば、⊖あらゆる文化が均質化されて文化的な多様性が失われるといった問題も生じている。

［例］グローバル化によって世界が一体化し、地球規模での様々な交流が生まれるものと期待されました。確かに現在、⊕人や物資、情報などが、国境や地域の垣根を超えて行き来しています。しかし、皮肉なことに、⊖コロナウィルスなどの感染症が世界規模で拡散されたことは、グローバル化によるところも大きいのでしょう。グローバル化は決してよいことばかりではありません。

技術8　論説文のマーク⑥　キーワード

人は大切なこと、伝えたいことは何度でも繰り返し言うものです。一度では伝わらないからこそ、繰り返し言うことで相手に着実に伝えようとするんですね。――だとすれば、**文章中に繰り返し何度も出てくる言葉は、筆者が大切だと思っている言葉**なのでしょう。そうした「繰り返し出てくる言葉」を、ここでは「キーワード」と呼んでおきます。**特に、筆者が「プラス（＋）」の意味で用いているキーワードは重要です。一読目にマークしておきましょう。**

［例］インターネットの発達により、私たちは、「情報化社会」がさらに進んだ「高度情報化社会」を生きています。インターネットにはさまざまな情報があふれていますが、それらすべてが「正しい」わけではありません。情報を発信する側の立場や価値観によって「色」がついているからです。だからこそ、私たちには情報を適切に読み取る力が必要なのですね。また最近では、ＳＮＳなどを通じて誰もが簡単に情報を発信することができるようになりましたが、インターネット上では不特定多数の人たちがその情報を見る可能性があります。したがって、自分の発信する情報がどう受け取られるかも考えなければなりません。そうした意味で、私たちには、情報を正しく読み解き、また適切に使いこなす力――メディア・リテラシーが求められているのです。それは膨大な情報に対して主体的に向き合うために必要であると同時に、インターネットの向こう側の悪意に対しての「防御力」を高めるためにも大切なのです。メディア・リテラシーは、高度情報化社会を生き抜く私たちすべてに不可欠な、新たな「読み書き能力」なのですね。

↓ここでは「インターネット」や「情報」という言葉も繰り返し使われており、マークしても構いませんが、筆者が特にプラスの意味で用いている言葉はやはり「メディア・リテラシー」でしょう。ですからこの文章の場合には、少なくとも「メディア・リテラシー」にはマークして読み進めるといいですね。

技術9　論説文のマーク⑦　譲歩《じょうほ》構文と「むしろ」

「もちろん」「たしかに」「なるほど」のように、いったん相手の意見や常識、一般論を認める言葉のことを「譲歩表現」と呼びます。譲歩表現はたいてい、その後に「だが」「しかし」「けれども」のような逆接の接続語に続けて、相手の意見や常識、一般論とは異なる筆者の意見を述べるときに用いられます。このように、譲歩表現でいったん相手の意見や常識、一般論を認めつつ、その後でそれとは異なる意見を述べる文章の形を「譲歩構文」と呼びます。譲歩構文が出てきたらマークしておきましょう。

｛もちろん／たしかに／なるほど｝＋｛常識／一般論／相手の意見｝＋｛だが／しかし／けれども｝＋**筆者の言いたいこと**

「もちろん」「たしかに」「なるほど」などの譲歩表現が出てきたら、「あ、筆者はいったん相手に譲《ゆず》っておいて、その後で、それと反対の自分の意見を言うかもしれないな……」と意識できるようになるといいですね。

また、**「むしろ」は、その後に筆者の言いたいことが述べられていることが多い**ので、これも要注意です。

［例］たしかに、浦島太郎が玉手箱を開けたのは軽率だったが、煙でたちまち《筆者の言いたいこと》白髪の老人になってしまうのはあまりにも悲しい。

［例］浦島太郎は、むしろ亀を助けな《筆者の言いたいこと》い方がよかったのではないか。

さて、【技術3】～【技術9】までで、論説文の一読目にマークすべき箇所を説明してきました。

＊　＊　＊　＊

「論説文のマーク」…筆者の言いたいことを読み取るためにマークすべきところ

1　主張表現・強調表現
2　具体例の前後のまとめ部分
3　問いと答え
4　言葉の定義
5　対比
6　キーワード
7　譲歩構文と「むしろ」

「論説文のマーク」は七つともすべて覚えて、ぜひ使いこなせるようにしましょう！

技術10　物語文は映像化しながら読む

「物語文を読むときに一番大切なことは何ですか」

よくこんな質問をされます。なかなか難しい質問ですね。というのも、「物語文を読むときに大切なこと」って、挙げればいくつもあるからです。その中で一番というのはなかなか決められません。

とはいえ、敢《あ》えて一番を選ぶとすればと断った上で、私はいつもこんなふうに答えています。

映像化しながら読むことだと思うよ

物語文では、登場人物の「気持ち」を正しく読み取ることがとても大切です。設問で問われることの多くが、登場人物の「気持ち」にかかわるところだからです。だから先ほどの質問に対して、「登場人物の気持ちを読み取ることが一番大切だ」と答えてもいいと思います。

でも、多くの中学受験生が困っているのは、その「気持ち」が正しく読み取れないということなんですね。「気持ち」を読み取るのが大切だなんてことはわかっていると――でも、どうすれば「気持ち」が正しく読み取れるのかがわからないから困っているんです。そうではありませんか？

だからこそ、「映像化」なんですね。

物語文を読むときには、何となく文字を追っているだけではいけません。

ぜひ、登場人物の言動（セリフ、表情、行動）を頭の中で映像化しながら読んでみてください。それによって、そ

のときの登場人物の「気持ち」がぐっとイメージしやすくなりますから。そして、物語文の世界が映像として見えるようになると、登場人物の「気持ち」だけでなく、物語文自体もよく「わかる」ようになります。つまり、物語文の世界が、なにか自分とは関係ない、よそよそしいものではなく、身近なものに感じられるようになるんですね。そんなふうに、**物語文を映像としてとらえることが、物語文の読解ではとても大切です。**

技術11　物語文は登場人物の不満・悩み・気づきに着目して読む

中学受験の物語文で、最初から最後まで幸せな人物の話があるでしょうか。——まずありませんよね。物語文の登場人物は大抵《たいてい》、何かに不満を抱いていたり、悩みを抱えていたりするものです。家族だったり、友人だったり、あるいは自分に対してだったり……何かしら不満や悩みがある人物が登場します。これは現実世界でも同じですね。ですから、物語文を読むときには、特に主人公について、

この人はどんな不満や悩みを抱えているんだろう
そしてどんなことに気づくんだろう

という意識を持って読むことを強くお勧めします。

現実の人間関係でも同じですね。この人はどんな不満や悩みを抱えているのだろうと思って接すれば、相手のことをよく考えるようになったり、相手のことをわかるようになるきっかけがつかみやすくなったりするものです。

物語文も同じなのです。それによって登場人物が身近に感じられるだけでなく、登場人物の「気持ちの変化」や、「物語の山場（盛り上るところ）」をとらえながら読むことができるようになります。

不満・悩み

←

気づき（きっかけ）

←

不満・悩みの解決

中学受験の物語文では、右のような図式で話が進むことがとても多いんですね。お決まりのパターンといってもいいくらいかもしれません。**登場人物の「不満・悩み」と、その解決につながる「気づき（きっかけ）」に着目していくと、設問を解く上でも大変役に立ちます。**こういうちょっとしたことを意識するだけで、物語文の読解は大きく変わっていくんですね。ぜひ一読目に心がけてみてください。

技術12　物語文のマーク❶　登場人物の情報

さて、ここからは、物語文を読むときに実際にマークすべきところの話です。論説文でマークすべきところは七つでしたが、物語文ではたったの二つです。簡単ですね。

ではいきましょう。物語文の一読目にマークすべき二つのうちの一つ目は、

登場人物の情報

です。

ここでいう「情報」というのは、物語文の「前書き」などに書かれている、**「登場人物（主人公）の名前」**と**「登場人物の状況」**のことです。ここにマークをしておきましょう。

［例］父の仕事の都合で、東京から山間《やまあい》の田舎町へと転校してきたばかりの小学六年生の太郎は、まだ新しい学校になじめずにいる。

といった部分ですね。

登場人物の状況を理解しているかいないかは、【技術10　物語文は映像化して読む】にも大きくかかわってきます。

ここでは「山間の田舎町」の様子や、「新しい学校生活にとまどう様子の小学六年生の太郎」といった情報から、あ

る程度の町の情景や太郎の人物像が頭に浮かびますね。また、**【技術11　登場人物の不満・悩み・気づきに着目して読む】**でいえば、この部分から「太郎はまだ新しい学校になじめずにとまどっている」という悩みも読み取れるでしょう。物語文では、前書きに書かれている情報をつかんでおかなければ解けない記述問題も少なくありません。

このように、登場人物の情報にマークすることで、物語文を正しく読むための手掛かりをつかむことができるだけでなく、実際の問題を解く際の手がかりにもなるわけですね。物語文を読解する上では欠かせない技術です。

技術13　物語文のマーク❷　登場人物の気持ち

物語文の一読目にマークすべきところの二つ目。これは**超重要**です。それが、

登場人物の気持ち

です。

登場人物の「気持ち」を正しく読み取れるかどうか。これが物語文の出来・不出来を決めるといっても過言ではありません。物語文の問いは、登場人物の「気持ち」に関連したものが大半だからです。

とはいえ、登場人物の「気持ち」がいつも本文にそのまま書かれているかといえば、そうではありません。大抵は、文章には直接的に書かれていない「気持ち」を読み取らなければなりません。そしてそういうところが問題で問われます。

では、登場人物の「気持ち」とは、どのようなところから読み取ればよいのでしょうか。――それは主に次の二つです。

①言動…人物の様子（セリフ、行動、表情）から気持ちを読み取る

② 情景描写…天気や風景に人物の気持ちが表れていると考える

話の流れから「何となくこんな感じだろう」とか、何の根拠もなく「自分ならこう思う」というのは一番やってはいけないパターン。それではいつまで経っても気持ちの読み取りが安定しません。そうした自分勝手な解釈――いわゆる「フィーリング」によって気持ちを読み取ることは、今すぐやめましょう！

そうではなくて、「本文のここに○○という言動（情景描写）があるから、□□という気持ち」というように、明確な根拠をもとに気持ちを読み取るのです。たとえば、「母が目をつり上げて早口にまくし立てた」というところから、「いら立ち」「怒り」という気持ちを読み取るように。「気持ち」は、具体的な「言動」や「情景描写」から読み取ることを徹底しましょう！

そして、さらに効果的な方法をお伝えします。それが、

気持ちメモ

です。登場人物の「気持ち」が読み取れるところには、単にマークするだけではなく、**そこから読み取れる「気持ち」を本文の脇《わき》にメモしておく**のです。テストの際には時間制限があるので細かくメモすることはできないかもしれませんが、**普段の練習のときにこの「気持ちメモ」をする習慣をつけておくと、テストの際にパッと「気持ち」が頭に浮かぶようになるのでとても効果的です。**「気持ちメモ」は、たとえば次の例のような感じです。

［例］竜宮城に来てから三年の月日が流れた。ある春の夜、浦島太郎の夢の中に故郷の父や母が現れた。長らく会わ

ずにいた両親の姿を目にしたとき、太郎の涙は止まらなかった。《うれしい、感激、なつかしい》

繰り返しになりますが、**「気持ち」を読み取るときには、言動や情景描写を頭の中で映像化して「気持ち」をイメージすることがポイントです。**

たとえばこのとき、浦島太郎が夢の中で故郷の両親に会って、涙を流している様子を頭の中に思い浮かべてみます。すると、久しぶりに会えた「うれしさ」や「感激」、あるいは「なつかしさ」から涙を流していることがイメージできますね。これを「気持ちメモ」として脇にメモします。

【言動】涙が止まらない↓【気持ち】うれしい、感激、なつかしい

「言動」から読み取れる「気持ち」がなかなか思いつかない場合、物語文によく出てくるものをリストアップして、あらかじめ覚えてしまう方法が効果的です。たとえば、次のような感じです。

【言動】目をそらす↓↓↓【気持ち】うしろめたい、気まずい
【言動】歯をくいしばる↓【気持ち】くやしい、がまんする
【言動】肩を落とす↓↓↓【気持ち】落ち込む

このように、テキストやテストなどに出てきた言動について、「気持ち」を整理して覚えてしまうのです。巻末にも付録として「よく使う気持ちの言葉50」をリストアップしましたので、ぜひ参考にしてください。

さて、【技術12】と【技術13】で、物語文の一読目にマークすべき箇所を説明してきました。
左の「物語文のマーク」は二つとも覚えて、使いこなせるようにしましょう。

「物語文のマーク」…登場人物の気持ちを読み取るためにマークすべきところ

1　登場人物の情報

2　登場人物の気持ち

＊　＊　＊　＊

最後に、随筆（＝筆者の個人的な経験や見聞きした知識などをもとに、筆者の意見や感想・気持ちを述べた文章）についてです。随筆は一般的に、

| 具体例（筆者の個人的な経験や見聞） |

←

| 筆者の意見・感想・気持ち |

←

| 具体例（筆者の個人的な経験や見聞） |

←

| 筆者の意見・感想・気持ち |

といった形式で話が進みます。したがって、**随筆を読む上で大切なことは、論説文と同じく「筆者の意見＝筆者の言いたいこと」を読み取ること、そしてそれに加えて「筆者の感想・気持ち」を読み取ること**だとわかりますね。よって、**随筆の一読目では、「論説文のマーク」で示した七箇所と「筆者の感想・気持ち」の両方をマークしながら読む**のがよいでしょう。「論説文のマーク」と「物語文のマーク」を合わせたようなイメージですね。

技術14　詩をミクロに読む（同化して、五感を働かせながら読む）

「詩」の意味を手元の辞書で調べてみると、「風景・人事など一切の事物について起こった感興や想像などを一種のリズムをもつ形式によって叙述したもの」とあります。——わかるような、わからないような言い方ですが——要するに、詩というのは、詩の作者が感動したり、興味関心を持ったり、想像したりしたことを書き表したものということですね。別の言い方をすれば、「作者の心や想像世界を言葉で表したもの」とも言えるのでしょう。もっと簡単に言えば、**「詩」とは、「作者が言葉で作り上げたもう一つの世界」**なのですね。

詩は「作者が言葉で作り上げたもう一つの世界」なのですから、そこで使われている言葉は、私たちが日常で使っている言葉とは少し違っています。詩の言葉の一つ一つには、詩の作者の独特なイメージや意味が込められているんですね。だから、普通の文（散文）とは違った読み方をする必要があります。

では、どんな読み方をすればいいのでしょうか。——それには大きく二つの読み方があります。【技術14】と【技術15】では、その二つの詩の読み方を説明します。

詩の一つ目の読み方は、**「詩をミクロに読む」**という読み方です。ここで言うミクロとは、「細かく」「細部まで」といった意味です。つまり、詩に近づいて、細かく、詳しく読んでいくという読み方ですね。

では、どうすれば詩をミクロに読めるかということですが、それには次の二つが大切です。

① 詩の世界に同化して読む（詩の作者や詩の登場人物・物になりきって読む）

② 五感を働かせて読む

さて、ここからは、詩をミクロに読むために大切な二つのことを、それぞれ説明していきましょう。

まず、**「① 詩の世界に同化して読む」**ですが、ここでの**「同化」とは、自分が詩の世界の言葉そのものになりきってしまうこと**です。――いいですか。気をつけてくださいね。これは、自分の気持ちをもとにして、「自分だったらこう思うだろう」などと考える「感情移入」とはまったく違いますよ。「自分だったらこう思うだろう」という自分の気持ちをもとにしたものではなく、むしろそれとは反対に、**自分からは完全に離れて、詩の作者や詩の登場人物・物になりきってしまうこと**です。自分を「無」にするんですね。それによって、自分勝手な読み方ではなく、詩の作者や詩の世界の人物・物の目を通して詩を読み取ることができるようになります**（なお、詩を読むときには、詩の作者は常に詩の中にいて、詩の世界を見ていると考えてください）**。

もっとも、この「同化」というのは、詩に限ったことではなく、物語文でも同様のことをしながら読んでいるかと思います。詩ではそれをもっとはっきり意識しようということですね。このように、**詩では「同化」することによって、詩の作者や詩の登場人物・物の「気持ち」を読み取ります。**「気持ち」を読み取ることが大切なのは、物語文と同様ですね。

次に、**「② 五感を働かせて読む」**です。五感とは、視覚、聴覚、嗅覚、味覚、触覚の五つの感覚のことですね。**詩を読むときには、この五感を働かせて、見えるもの、聞こえるもの、匂うもの、味わえるもの、皮膚に触れるものをよく感じながら読みましょう。**詩は言葉が少ないので――つまり、情報量が少ないので、その少ない情報からどれだけ多くのことを感じられるかが勝負です。「この詩の中で、見えるものはなんだろう」「聞こえる音は？」「何か匂いはしないかな」「味わったり、触ったりできるものは？」などと自問自答しながら、五感をよく働かせて、なるべく多くのことを読み取ることを心がけてください。

では、ここまでお話ししてきたことをふまえて、次の詩をミクロに読んでみましょう。

ほそい　がらす　　八木重吉

ほそい
がらすが
ぴいん　と
われました

（詩集『秋の瞳』より）

たったこれだけの短い詩です。あなただったらどう読みますか。

「なんだ。つまらない。ガラスがわれただけじゃないか。それがどうしたっていうんだ」なんて思うかもしれませんね。でも、先ほどの詩の読み方を思い出しながら考えてみましょうか。

まず、**「① 詩の世界に同化して読む」**からやってみましょう。**詩の世界に入って、詩の作者や詩の登場人物・物になりきって読んでみるのです。**この詩に登場するのは、〈ほそい　がらす〉と、それを見ていると思われる作者（詩の作者は常に詩の中にいて、詩の世界を見ていると考えましょう）です。作者の立場から読むこともできますが、今回は〈ほそい　がらす〉になって読んでみましょう。

　では、やってみましょう。ただのガラスではありませんよ。〈ほそい　がらす〉です。〈ほそい〉わけですから、強そうな感じではありませんよね。どちらかといえば、弱弱しい。しかも表記は「ガラス」や「硝子」ではなく、〈がらす〉です。ひらがなで書かれていることから、これもあまり強そうではなくて、弱弱しく、なんだか頼りない感じではありませんか。少しやさしい感じもしますね。だから、そんな弱弱しくて、頼りなくて、心やさしい〈ほそい　がらす〉になったつもりで読むのがいいです。

　その〈ほそい　がらす〉であるあなたが、〈われました〉とあるように、割れてしまったのです。どうでしょう。〈がらす〉にとって割れるということは、人間でいえば死んでしまうことや、あるいは心がこわれてしまうことにあたりませんか。すると、どんな気持ちでしょう。やはり、悲しいとか、むなしいとか、切ないとか。そんな気持ちになりませんか。

　詩の外から眺めていると、ただガラスが割れてしまったというだけの、つまらない詩に見えるかもしれません。でも、こうやって**同化して、詩の世界に入って、〈ほそい　がらす〉になりきってみる**と、随分と違った見えかたがありますよね。

　さらに、**「② 五感を働かせて読む」**も意識してみましょう。ここではやはり〈ぴぃん　と〉のところでしょう。耳をすませてみてください。これは〈ほそい　がらす〉であるあなたが、割れるとき――つまりは、死んでしまうとか、心がこわれてしまうときの音です。〈ほそい　がらす〉になりきって、自分の割れる音はどんな音なのか、耳を澄ませてみてください。どんな音が聞こえますか。

　私にはやはり、悲しくて、切ない、そして、どこまでも透き通った音が聞こえます。それも大きな音ではなくて、小さな音です。でも、どこか、芯のある音です。あなたはどうでしたか。

短くて、何でもないような詩ですが、こんなふうに読んでみると、案外、色々なことを感じることができますよね。

詩の一つの読み方として、こういう**ミクロな読み方**をしてみてください。

技術15　詩をマクロに読む（テーマと作者の伝えたいことを読む）

詩の二つ目の読み方は、**「詩をマクロに読む」**という読み方です。マクロとは、「大きく」「全体的に」といった意味です。つまり、詩を全体的に、大きくとらえて読んでいくという読み方ですね。

では、どうすれば詩をマクロに読めるのかということですが、こちらも二つ大切なことがあります。

③ テーマを読む

④ 作者の伝えたいことを読む

これから、詩をマクロに読むために大切な二つのことを、それぞれ説明していきます。

まずは、**「③テーマを読む」**です。**「テーマ」とは、「主に何についての内容なのか」ということ**で、「主題」などと呼ばれることもあります。試験問題として扱われる詩には、何らかのテーマがあると考えてみてください。もちろん、詩によって、テーマを読み取りやすい、読み取りにくい、の差はあります。それでも、「この詩は全体としてどういうことについて書かれた詩なんだろう」と、とりあえず考えてみるのです。そうすることで見えてくるものがあります。たとえば、次の詩を見てみましょう。

生　　杉山平一

ものをとりに部屋へ入って
何をとりにきたか忘れて
もどることがある
もどる途中でハタと
思い出すことがあるが
そのときはすばらしい

身体がさきにこの世へ出てきてしまったのである
その用事は何であったか
いつの日か思い当るときのある人は
幸福である

思い出せぬまま
僕はすごすごあの世へもどる

（詩集『ぜぴゅろす』より）

まず、題名の「生」に注目してみましょう。**題名には詩のテーマが端的に表現されていることが多い**です。題名はテーマを読み取るときのヒントになっているわけですね。ですからこの詩では、「『生』とはいったい何だろう」と思いながら読み進めていくのがいいでしょう。

ただ、詩は言葉が少ないので、一度さらっと読んだだけではピンとこないことが多いです。**そんなときには何度か繰り返し読んでみましょう。**詩は短いですから、試験時間内に二度、三度と読んでもさほど時間はかからないでしょう。むしろ、二度、三度と読むうちに、「ああ、なるほど、そういうことか」と見えてくる場合が多いです。**詩は何度か読んで解くものだ、ととらえましょう。**

さて、この「生」という詩では、題名が「生」であることや、

身体がさきにこの世へ出てきてしまったのである
その用事は何であったか
いつの日か思い当るときのある人は
幸福である

思い出せぬまま
僕はすごすごあの世へもどる

という第二連、第三連から、どうやら「その用事」というのは、「人生の用事」――つまりは「人生の目的」のことなのではないかと思い当たりませんか。特に第二連の「身体がさきにこの世へ出てきてしまったのである」や、第三連の「思い出せぬまま／僕はすごすごあの世へもどる」というくだりが大きなヒントになっています。

そう考えてみると、第一連の「部屋へ入って」というのは、「この世に生まれてきて」といった意味の比喩なのでしょう。――こうして、この詩は、「人生の目的」というテーマのある詩だということがわかってきます。

詩のテーマがわかると、その詩全体がぐっと自分に近いものに感ぜられますね。すべての詩にテーマがあるかといえばそうではありませんが、このように、大きくテーマをつかむことは詩を読み解く上で手がかりになります。

では最後に、**「④ 作者の伝えたいことを読む」**について。【技術14】のところで、「詩は作者が言葉で作り上げたもう一つの世界だ」という話をしました。詩は作者の創造物なのですね。しかし、なぜ作者はわざわざ詩を創造したのでしょう。――そう考えてみると、作者には何か伝えたいこと、言い表したいことがあるからだと考えるのが自然ではないでしょうか。

もちろん、詩は論説文などとは違います。「○○すべきだ」などというはっきりした主張があるわけではありません。しかし、何かしら、詩を通して伝えたいこと、言い表したいことは、ほとんどの詩から読み取ることができます。そうした**「作者の伝えたいこと」を読み取ることが、詩の読解では大切です。**ですから、**詩を読むときには、「この詩で作者はどんなことを伝えたいんだろう」と考えながら読んでみましょう。**

たとえば、次の詩ではどうでしょうか。

一生おなじ歌を　歌い続けるのは　　岸田衿子

一生おなじ歌を　歌い続けるのは
だいじなことです　むずかしいことです
あの季節がやってくるたびに
おなじ歌しかうたわない　鳥のように

（詩集『あかるい日の歌』より）

繰り返し、何度か読んでみてください。言わんとすることの明らかな、短い詩です。まず、

一生おなじ歌を　歌い続けるのは
だいじなことです　むずかしいことです

とありますが、ここでの「歌」というのは、実際に声を出して歌う「歌」でないことは明らかでしょう。

では、ここでの「歌」とはなんでしょうか。――〈一生おなじ歌を　歌い続ける〉から、〈一生涯にわたって同じ生き方をする〉といった意味合いが見えてくるのではないでしょうか。もう一歩踏み込んで考えてみると、〈自分らしさを失わずに生き続ける〉といったことだとも考えられます。作者は、そうした生き方を、難しいことだけれど大事なことだととらえています。

しかし、これが「作者の伝えたい」ことでしょうか。もちろん、それもあるでしょうが、もう少し見えてくるものがありそうです。

最後の行に注目してみてください。

おなじ歌しかうたわない　鳥のように

とありますね。ここから読み取れることは、作者はおなじ歌しかうたわない鳥の存在を肯定的にとらえていることでしょう。自分も、おなじ歌しかうたわない鳥のようにありたい、という思いさえ感ぜられます。つまりこの詩は、〈一生涯、自分らしさを失わずに生きていきたい〉という、人生への願いや決意が込められた詩とも読むことができるの

ではないでしょうか。――そしてこれがこの詩での「作者の伝えたいこと」に当たるのでしょう。もしこの詩に設問がついていて、「ここから読み取ることができる作者の思いを説明しなさい」とあったら、〈一生涯、自分らしさを失わずに生きていくことは難しいけれど、自分らしい生き方を見失わずに生きていきたいという願いと決意〉などと答えることができるのではないでしょうか。

今回は比較的やさしい例でしたが、**「作者の伝えたいことを読む」**とは、たとえばこのような読み方のことだと理解してください。

最後に、詩の読み方を簡単にまとめておきましょう。

詩をミクロに読む→① 詩に同化する　② 五感を働かせる
詩をマクロに読む→③ テーマを読む　④ 作者の伝えたいことを読む

念のために断っておきますが、詩の中には、「作者の伝えたいこと」が明確ではない詩、ただ単に言葉の美しさや言葉の意味にはとらわれない世界を創造しているタイプの詩もあります。しかし、そういうタイプの詩は、試験問題の題材として用いられることはまずありません。なぜなら、そうした「作者の意図が明確に伝わりにくい詩」は、読む人によって解釈が異なるため、正解を一つに絞られねばならない試験問題には適さないからです。逆に言えば、試験問題に出題される詩には、ある程度みんなが納得できる解釈――すなわち、その詩の本文を根拠にした「正しい読み方」があるということなのですね。そういった意味でも、試験問題で詩を読む場合には、「ミクロな読み方」と「マクロな読み方」の両方から、「正しい読み方」を探るという態度で臨むのがよいのです。

第二章　解き方の技術

技術16　設問文の「聞かれていること」と「条件」にマークする

記述問題での間違え方はさまざまありますが、中でも最も多い間違え方は何だと思いますか。

私の経験からすると、それは、

聞かれていることに答えていない

というものです。もう、これは、記述問題の間違えのダントツの一位ではないでしょうか。それに、

条件をふまえていない

を加えれば、記述問題のかなりの間違えがこの二つに集約されてきます（ここでいう「条件」とは、「具体的に」「○○の理由を含めて」「○○という言葉を必ず使って」などといった、設問文に書かれている指示のことです）。

逆に言えば、この二つをしっかりと押さえるだけでも、間違いはうんと減るということですね。

では、この二つの間違いをなくすには、どうしたらよいのでしょう。

――実はこれ、とても簡単にできるんです。それは何かといえば……

設問文の「聞かれていること」と「条件」に必ずマークする

たったこれだけです。たとえば、次のような感じにマークするだけです（「聞かれていること」「条件」という言葉自体は脇に書かなくてよいです。線引きなどをするだけでOK）。

問　傍線部①とありますが、〔聞かれていること〕このときの浦島太郎の気持ちを、〔条件〕玉手箱という言葉を必ず使って説明しなさい。

ね、簡単でしょう。

私はこのことを初回の授業で必ず自分の生徒に伝えています。それどころか、毎授業で必ず確認して、定着するようになるまでしつこく指示、確認をします。それくらい大切な「記述の技術」なのです。

設問文で「聞かれていること」にマークしたら、この問題は記述の四つのパターンのどれに当たるのかを見極めましょう。記述問題の四つのパターンとその書き方の手順については、本書の第三章で詳しく説明していますから、そちらを参照してください。

技術17　傍線部《ぼう》のルール❶　傍《ぼう》線部を含む一文は丁寧《ていねい》に読む

設問文で「聞かれていること」と「条件」を把握《はあく》し、記述パターンを見極めたら（第三章を参照）、次にやるのは、傍《ぼう》線部（――線部）を正しく読み取ることです。

国語の読解問題の大部分は、傍線部について問われるものです。よって正しく解答するためには、まずは傍線部を正確に読み取れなければなりません。それは記述問題でも同じです。だからこそ、記述問題の解答を作る前に、

傍線部がどのようなことを表しているのかを正確に理解すること

が大切なんですね。そして傍線部にこそ、実は答えのヒントが多く隠されています。**記述問題は、傍線部を正しく理解することから始まるのです。**

では、どうすれば傍線部を正しく理解することができるのでしょう。――これから五つの〈傍線部のルール〉を紹介し、傍線部を正しく読む技術を身につけていきます。

さて、そのうちの一つ目が、

【傍線部のルール❶　傍線部を含む一文は丁寧《ていねい》に読む】

です。

「傍線部①とありますが〜」などと問われると、中学受験生はその傍線部①にばかり目がいってしまうものです。もちろん、傍線部をよく読むことは大切ですよ。**でも実は、傍線部自体ではなく、傍線部を含む一文にこそ、解答するための大きなヒントがある場合が多いんですね。**ですから、傍線部をよく読むのはもちろんのこと、少なくとも傍線部を含む一文は丁寧に読んで、解答のためのヒントをしっかりつかんでから解きましょう。詳しくは次の例題で見ていきます。

【例題】完璧《かんぺき》な人間などいません。一方で、何をやってもダメだという人間もいません。確かに、玉手箱を開けてしまった浦島太郎には意志の弱いところもありますが、亀を助けるなどの心優しい面もある。私たちが何となく浦島太郎に親しみを覚えるのは、浦島太郎のそんなところにあるのではないでしょうか。

【問】傍線部「そんなところ」とはどんなところですか。35字程度で答えなさい。

【解説】「そんなところ」という指示語をわかりやすく説明する「言いかえ問題」です。傍線部の「そんなところ」自体をいくら眺めていても、答えにはたどり着けませんね。**傍線部のルール❶ 傍線部を含む一文は丁寧に読む** にしたがって考えていきましょう。傍線部を含む一文を抜き出して、丁寧に読んでみます。

私たちが何となく浦島太郎に親しみを覚えるのは、浦島太郎のそんなところにあるのではないでしょうか。

なるほど。この一文を読んでみると、「そんなところ」というのは、「私たちが浦島太郎に親しみを覚えるところ」だということがわかりますね。**答えのおおよその見当がつく**わけです。このように、**まずは傍線部を含む一文から、解答を見つけるためのヒントを得ることが大切です。**

例外はありますが、指示語というのは普通、その指示語のすぐ前にある言葉や内容を指しています。だとすると、「私たちが浦島太郎に親しみを覚えるところ」とはどんなところなのかを、傍線部よりも前から探していけばいいのだとわかりますね。それは次の部分でしょう。

> 完璧《かんぺき》な人間などいません。一方で、何をやってもダメだという人間もいません。確かに、玉手箱を開けてしまった浦島太郎には意志の弱いところもありますが、亀を助けるなどの心優しい面もある。

解答は35字程度とありますから、右の部分をうまくまとめると、たとえば次のような解答が得られるのではないでしょうか。

【解答例】　完璧でも完全にダメな人間でもなく、心の弱さも優しさも両方持っているところ。（37字）

技術18　傍線部のルール❷　傍線部はいくつかの部分に分けて考える

傍線部が長い場合には、傍線部自体が何を言っているのかがよくわからないことがありますね。そんなときには、傍線部をいくつかの部分に分けて考えてみるとその意味をつかみやすくなります。傍線部理解のための基本技術です。そのあたりを例題で見てみましょう。

【例題】花咲かじいさんでもこぶとりじいさんでも、腹黒いとなりのじいさんは、欲の皮が突っ張っているためにひどい目にあうが、結局は自業自得なのだ。

【問】傍線部はどういうことか。分けて考えなさい。

【解説】傍線部がある程度長い場合には、分ける部分にスラッシュ（／）を入れ、傍線部をいくつかの部分に分けて考えることでその意味をとらえやすくなります。ただし、傍線部をいくつかの部分に分けるとき、助詞などをどちらに入れるべきかといった細かいことは、あまり気にしなくても構いません。また、あまり細かく分けすぎるとかえってわかりづらくなることもあります。傍線部を分けるのは、あくまで傍線部を理解するための一つの方法ですから、ざっくりと、自分が理解しやすい程度に分けるという感覚でやればよいでしょう。たとえば、今回の例題は、次の解答くらいに分けて考えてみましょう。

> **【解答例】**　腹黒いとなりのじいさんは、／欲の皮が突っ張っているために／ひどい目にあうが、／結局は自業自得なのだ。

　そしてこのように分けた後、わかりづらい言葉が含まれている部分については、それぞれ次のように考えることで傍線部がどんなことを言っているのかを理解していきます。

↓（1）「腹黒いとなりのじいさんとは」とはどんなじいさんだろう？
↓（2）「欲の皮が突っ張っている」とはどんな意味？
↓（3）「自業自得」をもっとわかりやすく言うと？

　ちなみに、

「腹黒い」＝心にひそかに悪い考えを持っているさま
「欲の皮が突っ張る」＝とても欲深いさま
「自業自得」＝自分のした悪いことの報いを自分自身が受けること

という意味ですから、傍線部をわかりやすい言葉で言いかえると、次のような意味になりますね。

　心にひそかに悪い考えを持っているとなりのじいさんは／とても欲深いために／ひどい目にあうが、／結局は自分のした悪いことの報いを自分自身で受けているのだ。

技術19　傍線部のルール❸

傍線部内の指示語・比喩・わかりにくい表現は具体化して言いかえる

傍線部の内容を正しく理解するためには、傍線部内の指示語・比喩・わかりにくい表現を、具体的なわかりやすい言葉で言いかえて読むことが有効です。問いに答える前に、まずは傍線部の正しい理解です。

【例題】大切に育てたかぐや姫が月に帰ってしまったあと、おじいさんとおばあさんはいつまでも月を眺めていました。すると、かぐや姫の思い出がまざまざとよみがえってきます。その悲しさといったら、ありませんでした。

【問】傍線部はどういうことか。説明しなさい。

【解説】まず、**傍線部のルール❷ 傍線部はいくつかの部分に分けて考える**で傍線部を分けてみると、次のようになります。

（1）その悲しさときたら、／（2）ありませんでした。

（1）について。傍線部を説明するには、指示語「その悲しさ」が何を指すのかがわからなければいけませんね。ここで **傍線部のルール❸ 傍線部内の指示語・比喩・わかりにくい表現は具体化して言いかえる** により、「その悲しさ」を本文中の言葉を使って言いかえてみましょう。

すると、傍線部の直前に「かぐや姫の思い出がまざまざとよみがえってきます」とあるのが見つかります。これをもとにすると、「その悲しさ」とは、「かぐや姫の思い出がはっきりとよみがえってくる悲しさ」と言いかえることができそうですね。ちなみに、「まざまざ」とは「はっきりと」という意味です。

次に（2）の「ありませんでした」ですが、これもこのままではわかりにくい（**傍線部のルール❸ 傍線部内の指示語・比喩・わかりにくい表現は具体化して言いかえる**）。これは「またとない機会」などで用いられる「ない」の用法。「他に類がない」「この上ない」といった意味ですね。今回の場合、「他に類がないほど悲しい」「この上なく悲しい」ということを言っているとわかります。

記述問題では、傍線部の内容がわかっていないために問いに正しく答えられないことがよくあります。傍線部内に指示語・比喩・わかりにくい言葉があった場合には、このようにして具体的に言いかえてから解きましょう。——以上をふまえると、解答は次のようになります。

【解答例】 かぐや姫の思い出がはっきりとよみがえってきて、この上なく悲しかったということ。

技術20　傍線部のルール❹　傍線部内の言葉と同じ言葉・似た言葉に注目する

このルールは、傍線部内の言葉を別の言葉で言いかえようとするとき、その言いかえる別の言葉を本文中に探すのに役立ちます。次の例題の中で確かめてみましょう。

【例題】童話「ウサギとカメ」の話では、自分の足の速さを過信したウサギが、油断をしてカメに負けてしまう。一方、足は遅いが、地道に努力を重ねることでカメはウサギに勝利した。ウサギになるかカメになるかは君しだいだね。

【問】傍線部とはどういうことか。説明しなさい。

【解説】**傍線部のルール❷傍線部はいくつかの部分に分けて考える**により、傍線部を詳しく見ていきましょう。

（1）ウサギになるか／（2）カメになるか

まずは（1）「ウサギになるか」について。**傍線部のルール❹ 傍線部内の言葉と同じ言葉・似た言葉に注目する** により、「ウサギ」という言葉を本文中の他の部分から探すと、

> 童話「ウサギとカメ」の話では、自分の足の速さを過信したウサギが、油断をしてカメに負けてしまう。
> 一方、足は遅いが、地道に努力を重ねることでカメはウサギに勝利した。ウサギになるかカメになるかは
> 君しだいだね。

右のように、「自分の足の速さを過信したウサギが、油断をしてカメに負けてしまう」という説明が見つかりますね。
すると、「ウサギになる」とは、次のように言えそうです。

ウサギになる＝自分の能力を過信し、油断して負ける

次に（2）「カメになるか」について。これも**傍線部のルール❹ 傍線部内の言葉と同じ言葉・似た言葉に注目する** により、**「カメ」という言葉を本文中の他の部分から探す**と、

> 童話「ウサギとカメ」の話では、自分の足の速さを過信したウサギが、油断をしてカメに負けてしまう。
> 一方、足は遅いが、地道に努力を重ねることでカメはウサギに勝利した。ウサギになるかカメになるかは
> 君しだいだね。

「足は遅いが、地道に努力を重ねることで**カメ**はウサギに勝利した」という部分が見つかります。すると、こちらは

次のように言えそうですね。

カメになる＝能力は低いが、地道に努力を重ねることで勝利する

このように、**傍線部内の言葉と同じ言葉・似た言葉を本文の他の部分から探すことによって、傍線部内の言葉を理解するヒントを得ることができる**というわけです。ここまでのことから解答をまとめると次のようになるでしょう。

【解答例】　自分の能力を過信し、油断して負けるか、能力は低くても地道に努力を重ねることで勝利するか、ということ。

技術21　傍線部のルール❺　傍線部内に省略された主語・述語・目的語を補う

傍線部の内容を理解する上でもう一つ有効な技術があります。傍線部内に省略された主語・述語・目的語を補うことです。ちなみに目的語とは、

悪い猿は、**硬い青柿を**《目的語》木の上から**蟹に**《目的語》ぶつけた。

という文章での「**硬い青柿を**」「**蟹に**」のように、「ぶつけた」という**動作の対象になる、「〇〇を」「〇〇に」に当たる言葉**のことを指します。

では、今回の技術を例題で見てみましょう。

【例題】ずるがしこい猿にだまされ、仕舞《しま》いには硬い青柿をぶつけられて死んでしまった蟹《かに》のお腹から、子蟹たちがぞろぞろと産まれてきた。子蟹たちはみんな、親蟹を殺した悪い猿に怒っていた。そのうちの一匹の子蟹が言う。

「このまま黙っていてもいいのか！　親のあだ討ちをせずともいいのか！」

すると、子蟹たちはいっせいに叫ぶのだった。「いいや、よくない！」

【問】傍線部はどういうことか。わかりやすく説明しなさい。

【解説】何が「よくない」のでしょうか。傍線部には主語がないので、**傍線部のルール❺傍線部内に省略された主語・述語・目的語を補う**により、主語を補ってみましょう。これはすぐ前に、

「このまま黙っていてもいいのか！　親のあだ討ちをせずともいいのか！」

とあります。ここでの「黙って」というのは「あだ討ちをしないこと」ですから、補うべき主語は「このまま親のあだ討ちをしないでいること」だとわかりますね。よって、傍線部は次のようになります。

［主語（〜は、〜が）］**このまま親のあだ討ちをしないでいることは**／よくない

ただ、「このまま」とはどういうことでしょうか。

傍線部のルール❸傍線部内の指示語・比喩・わかりにくい表現は具体化して言いかえるにより、指示語を含む「このまま」を言いかえます。これは「猿に親を殺されたまま」という意味ですね。よって傍線部はさらに次のように言いかえられるでしょう。

猿に親を殺されたまま、親のあだ討ちをしないでいることは／よくない

どうですか？　主語を補うことによって、文章の意味がわかりやすくなりましたね。「親の」が繰り返しになっているのでそこを整えると、最終的に解答は次のようになります。

【解答例】　猿に親を殺されたまま、そのあだ討ちをしないでいることはよくないということ。

このように、傍線部内に主語・述語・目的語が省略されている場合には、それらを補って、まずは傍線部を正しく理解しましょう。それによって問いに正しく答えられるようになります。

技術22　本文主義／解答の根拠をもとに解答を作る

国語の読解問題を解くにあたって理解すべきことのうち、最も大切なことは何でしょうか。

私は、**解答の根拠は本文にある**ということだと思います。「解答の根拠」とは、「正しい解答を作るための手がかり、よりどころ」といった意味です。

当たり前のことですが、どのテスト問題でも、一つの問題につき正解は一つですよね。一つの問題に対して、二つも三つも正解があることはありません。これも正解、あれも正解ではテストになりませんから。

これは国語の読解問題でも同じです。**テストである限り、正解は一つでなければならないのです。**当然ですね。

――ということはですよ、ある問題の正解が「それ」になるためには、それなりの根拠がなければならないということでしょう。たとえば物語文の問題で、「僕はこういう読み方をしました」とか「私ならこんな気持ちにはなりません」などという意見を受けて、様々な読み取り方を認めて正解不正解を決めてしまったら、これはもうテストとして成り立ちませんよね。つまり、**国語の読解問題も、それがテストである限りは、正解に対して誰もが納得するような根拠がなければならない**というわけです。

では、正解に対して誰もが納得できる根拠とは、何でしょうか。それはいったい、どこにあるのでしょうか。

――はい。それが**本文**なんですね。**本文にちゃんと書かれてあるかどうか。本文に解答の根拠があるかどうか。**

これが誰もが納得できる根拠です。だからこそ、本文が大事なのです。

国語の読解問題には、「選択肢問題」や「抜き出し問題」、「記述問題」など、さまざまな問題形式があります。でも実は、

問われていることはたった一つなんですね。それは、

「本文にどう書いてあるか読み取れますか」

ということです。つまり、国語の読解問題というのは、

「本文中に解答の根拠がありますよ。それを読み取ってくださいね」という、問題作成者からの問いかけなのです。

ですから、**自分（解答者）が本文を読んでどう思ったかという、自分の考えや感想を解答に交えてはいけない**のですね。自分勝手な思い込みは間違いのもとになります。**あくまで、「本文にどう書いてあるか（＝解答の根拠）」をもとに解答を作らなければなりません。**このことは本当に大切なことですから、いつも心に留めておいてください。そして**「本文にどう書いてあるか（＝解答の根拠）」をもとに読み解いていくことを、私は「本文主義」と呼んでいます。**

国語の読解問題では、「本文にどう書いてあるか」が正答の唯一の基準です。本文に書いてあれば正しい、書いてなければ正しくないと考えます。――本文に書いてある、書いてないというのは、本文から読み取れる、読み取れないということも当然含みますよ――これは記述問題でも同じです。国語の記述問題を解くときには、常に次のことを頭に入れておいてください。

記述問題では、解答の根拠をもとに解答を作ること

ただ、こう書くと、「なんだ、そんなこと当たり前でしょう」と思うかもしれませんね。「わざわざ大きく太字にすることでもないんじゃない？」なんて声が聞こえてきそうです。

でも、ちょっと待ってください。私があえて大きく太字で書いたのは、いままで見てきた**中学受験生の多くが、本文に書かれていることをもとに解答を作っていない**からなんですね。記述問題で得点の取れない解答に共通するのは、「本文に書かれていないことを書いている解答」です。本文を自分勝手に解釈して、何となく、フィーリングで書い

ている解答がとても多いのです。これでは得点になりません。「解答の根拠をもとに解答を作る」という、その当たり前だと思うことが、頭ではわかっているつもりでも、実際にはできていないんですね。――いや、もしかすると、間違って理解している可能性もあるかもしれません。ですから改めて、「記述問題における本文主義」＝「解答の根拠をもとに解答を作る」とはどういうことなのかを、ここで一緒に確認したいと思います。

簡単に言うと、それは次のようなプロセス（＝過程）によって記述解答を作ることです。

本文から「解答の根拠」を見つける

↓

「解答の根拠」を「わかりやすい解答」に整える

もちろん、「わかりやすい解答」に整える際には、設問によってもう少し細かい工夫（後に説明する「解答のルール」）がいりますが、ざっくり言えば、そういうことです。**とにかく大切なことは、「解答の根拠」は本文から見つけるということ。自分勝手な解釈で書かないということです。**このあたりを、例題を通して確かめてみましょう。

【例題】今、鬼ヶ島の鬼たちの間では、あるうわさでもちきりであった。なんと、ついに桃太郎がやってくるというのである。

「あの日本一強いといわれる桃太郎がやってくるというのか……」

「なんでも、家来も大勢連れているという話だぜ」

「オレたちは桃太郎たちに敵《かな》うのだろうか」
そんなある日、赤鬼のオニ太は鬼の大将に呼び出された。
「桃太郎を俺様のところに近づけるな！　赤鬼と青鬼を集めて、やつらが鬼ヶ島に到着次第やっつけてこい！」
鬼の大将はそう言って、新しい鬼の金棒をオニ太に与えると、立ち去って行った。
「そんなむちゃな……」
こんな展開になるとは思ってもみなかったオニ太は、途方に暮れてしまった。

【問】傍線部「そんなむちゃな…」とありますが、何が「むちゃ」なのですか、説明しなさい。

【解説】さて、この問いの答えとして、次の解答例は正しいといえるでしょうか。

［解答例］敵うわけがないのに、桃太郎たちを新しい鬼の金棒を使ってやっつけること。

――もちろん、全然ダメですね。ゼロ点です。どこがダメかといえば、二か所あります。

［解答例］**敵うわけがないのに**、桃太郎たちを**新しい鬼の金棒を使って**やっつけること。

「敵うわけがないのに」「新しい鬼の金棒を使って」などは、本文のどこにも書かれていませんね。**自分勝手に話を作ってはいけません。**

では、どう考えればよいのでしょうか。とにかく、本文にどう書かれているのかをよく見ましょう。

まず、「何が『むちゃ』なのですか」と問われていますから、「むちゃ」に当たるもの（＝解答の根拠）を本文から読み取ります。**あくまで答えの根拠は本文に求めますよ。**すると、本文に次のようにありますね。

「桃太郎を俺様のところに近づけるな！　赤鬼と青鬼を集めて、やつらが鬼ヶ島に到着次第やっつけてこい！」

したがって、「むちゃ」に当たるものとして、次の二つが「解答の根拠」だとわかりますね。

①　桃太郎を俺様（＝鬼の大将）のところに近づけないこと

②　赤鬼と青鬼を集めて、やつら（＝桃太郎たち）が鬼ヶ島に到着次第やっつけること

次に、これらの「解答の根拠」を「わかりやすい解答」に整えます。今回は主語を補うとよいでしょう。すると、〈桃太郎を鬼の大将に近づけないように、オニ太（主語を補う）が鬼たちを集めて、桃太郎たちが鬼ヶ島に到着次第やっつけること〉といった解答が考えられますね。

説明すると、たったこれだけのことです。簡単ですよね。でも、たったこれだけのことが、記述問題ではとても大切なんですね。すでにできている人は立派です。**記述問題では、本文主義に則《のっと》って、「解答の根拠」から離れずに解答を作ることをいつも心がけてください。**

【解答例】　桃太郎を鬼の大将に近づけないように、オニ太が鬼たちを集めて、桃太郎たちが鬼ヶ島に到着次第やっつけること。

技術23　本文主義／なるべく本文の言葉を使って書く

私が生徒によく注意することとして、

なるべく本文の言葉を使って書こう

というのがあります。これは、もう、かなり頻繁《ひんぱん》に言います。

読解問題の答えの根拠は本文に書いてあるわけですから、素直に本文の言葉を使って解答を作ることが最も正確で簡単なのです。にもかかわらず、不思議なことに、本文の言葉を自分勝手な解釈で変えてしまって、自分勝手な言葉で解答を作ろうとする人がとても多いんですね。それがどういうことか、次の例題を通して見てみたいと思います。

【例題】「やる気なくなるよ。勉強しろ、勉強しろと同じことばっかり」

ある日、宿題をやっていないことで怒られた赤鬼のオニ太が、母に向かって文句を言っています。

「今だってそうだよ、せっかく自分でやる気を起こしていたのに。母さんに言われたら、いやになっちゃった。鬼の世界も力だけじゃだめで、勉強が大切だってことぐらいぼくにもわかってるんだから。もっと、ぼくを信用してほしいよ！」

「……じゃあ、ほっとけば自分からやる？」とオニ太の母。

それに対してオニ太は堂々と、もちろん自分でやると宣言します。そこで母は、そこまで言うのならと、オニ太を信用して、

「それじゃ、好きなようになさい」

と言い残して部屋を出ていくのですが、そのとたんにオニ太は遊びに出かけようとしたため、オニ太は再び母にこっぴどく怒られたのでした。

【問】傍線部「やる気なくなるよ」とありますが、なぜオニ太はやる気がなくなったのですか、50字以内で説明しなさい。

【解説】この問の答えとして、次のような解答はどうでしょうか。

［解答例1］母は宿題が終わったかどうかを何度も確認しに来て、やる気をなくすようなことを言うから。（42字）

——う〜ん、わかるんですけどね。完全なるバツとは言えませんが、正解とは言えない、微妙な解答ですよね。記述解答は本文に即して、もう少し正確に書きたいものです。

　本文にどう書いてあるかをもう一度見てみましょう。赤鬼のオニ太がやる気をなくした理由が読み取れるところは、次のあたりでしょう。

・勉強しろ、勉強しろと同じことばっかり

・「今だってそうだよ、せっかく自分でやる気を起こしていたのに。母さんに言われたら、いやになっちゃった。〜もっ

と、ぼくを信用してほしいよ！」

【技術22】でやったように、まずは右のような「解答の根拠」を見つけます。そうしたら、**なるべく本文の言葉を使って解答を書きましょう**。すると、次のような解答が得られます。

［解答例2］せっかく自分でやる気を起こしていたのに、母が自分を信用せずに、何度も勉強するようにと言うから。（47字）

抜き出し問題ではありませんので、本文をそのまま写すわけではありませんが、なるべく本文の言葉を使い、言いかえるにしても最小限に言いかえて解答を作っているのがわかりますか。

——ではここで、もう一度、最初の解答例と見比べてみましょう。

［解答例1］母は宿題が終わったかどうかを何度も確認しに来て、やる気をなくすようなことを言うから。

本当に何度も確認しに来たのか？

「やる気をなくすようなこと」とは？

どうですか。「母は宿題が終わったかどうかを何度も確認しに来て」とは本文に書かれていませんよね。また、「やる気をなくすようなこと」とは何なのかもはっきりしません。少なくとも、この解答が本文の言葉を使って書こうという意識で書かれていないことは明らかでしょう。こういう解答を書く人は、いつも自分の解釈や何となくのフィーリングで書いてしまう癖がついているため、得点が安定しにくいです。**なるべく本文の言葉を使って書きましょう**。それだけで、ぐんと記述解答が安定します。

【解答例】　せっかく自分でやる気を起こしていたのに、母が自分を信用せずに、何度も勉強するようにと言うから。（47字）

とはいえ、本文の言葉をそのまま解答に使わない方がよい場合もあります。

たとえば、「そのままでは何を指しているのかわからない指示語」や「比喩」、「ことわざや筆者独特の意味を持たせている言葉などの、そのままではわかりにくい表現」、「擬音語・擬態語」、「くだけた表現」などです。また、長い具体例はそのまま解答に書かず、短く抽象化するのがいいでしょう。これらは本文の意味をなるべく変えない範囲で、わかりやすい言葉で言いかえる必要があります。しかし逆に言えば、**特に言いかえる必要のない場合は、なるべく本文の言葉を使って解答を書くことを心がけましょう。**そうすることで、本文に即した正確な解答になります。

技術24　短く分けて考える

次の「例題A」を見てください。

【例題A】今日もテストで0点を取ってしまった。赤鬼のオニ太は思った。やばい！絶対、母さんに怒られる！

【問】傍線部「やばい！」とありますが、オニ太はなぜそう思ったのですか。30字程度で答えなさい。

これは簡単ですね。〈今日もテストで0点を取ってしまったので、母に怒られると思ったから。(33字)〉となるでしょう。——では、次の「例題B」を見てください。

【例題B】今日もテストで0点を取ってしまった。赤鬼のオニ太は思った。どうしよう。母さんは朝から機嫌が悪かったのだ。もしも二回連続で0点だったなんて知られたら……。

と、そんなことを考えているときだった。どしどしと大きな足音が近づいてきたかと思うと、

「オニ太。今日のテストどうだったの？」

という母の声が聞こえてきたのだった。

やばい！　なんとかしなくちゃ！　絶対、母さんに怒られる！

【問】傍線部「やばい！」とありますが、オニ太はなぜそう思ったのですか。60字程度で書きなさい。

どうですか？　さきほどよりは少しだけ難しく感じませんか？　問われていることは同じなのに。

では、なぜ「例題A」よりも「例題B」の方が難しく感じるのでしょう。

その理由は二つあるように思います。一つ目は、「例題A」よりも「例題B」の方が、文章が長くなったからでしょう。そして二つ目には、答えるべき字数が長くなったこともあると思います。つまり、ともに**「長くなった」から難しく感じられる**のですね。

このように、記述問題を難しく感じさせる大きな原因の一つに、「長さ」があります。本文が長かったり、答えるべき字数が長かったり……とにかく、**「長い」と難しく感じてしまう**のです。

「長い」だけでなんとなく難しく感じ、手が出なくなってしまう……。あなたにも、そんな経験はありませんか？

でも、そんなときこそ、発想の転換をしてみましょう。

「長い」から難しく感じるのであれば、「短く」すればいいのです。それが、

短く分けて考える

という発想です。

どういうことかといえば、「例題B」では、「やばい！」とオニ太が思った理由を、**一気に60字程度で書こうと思うから難しく感じる**のだと思います。であれば、その理由に当たる「解答の根拠」を、まずは本文中から短く見つけ出してみてはどうでしょうか？

こんな感じです。

・今日もテストで0点を取ってしまった（17字）
・母さんは朝から機嫌が悪かった（14字）
・もしも二回連続で0点だったなんて知られたら（21字）
・絶対、母さんに怒られる！（12字）

どうですか？これくらいなら難しく感じませんね。

あとはこれらを適切につなぎ合わせれば解答が完成します。たとえば次のような解答はどうでしょう。

【解答例】　母は朝から機嫌が悪かったので、テストで二回連続0点を取ってしまったことを知られたら、母に絶対に怒られると思ったから。（58字）

そう難しくありませんね。

こんなふうに、記述問題では、「短く分けて考える」ことが有効な場合が多くあります。今回のように60字程度の解答なら短く分けて考えなくとも書ける人はいると思いますが、80字や100字を超えるような記述解答を正確に書くには、やはり身につけておきたい技術です。

短く分けて考える

↓

それらをつなぎ合わせる

というやり方は、記述問題を解くときに、ぜひいつも意識してみてください。

技術25　解答の根拠にマークして、解答要素をそろえてから書く

記述問題を解くとき、設問文を読んで、いきなり解答を書き始めていませんか。

「あ、本文のあのあたりに書いてあったな……」なんて思って、本文をあまり確認もせずに、すぐ解答を書き始める――そんなやり方をしていませんか。もし、そんなふうに記述問題を解いていたとしたら、これから話すことをすぐに実践してみてください。記述解答の質がぐんと飛躍して、着実に得点が安定しますから。――それは何かといえば、

解答の根拠にマークして、解答要素をそろえてから書く

ということです（**「解答要素」とは、「解答に入れるべきことがら」という意味**だと理解してください）。これは、**【技術24　短く分けて考える】**と直結しているような技術でもあります。例題で詳しく見てみましょうか。

【例題】決して開けてはいけないという乙姫《おとひめ》さまの言いつけを忘れ、玉手箱を開けてしまった浦島太郎は、海の水面に映る自分の顔を見て驚きました。そこに映っていたのは、真っ白な髪をした、顔がしわだらけの老人でした。浦島太郎は老人になっていたのです。

「ああ、取り返しのつかないことをしてしまったな……」と、浦島太郎はそんな自分の行いを後悔しました。

【問】傍線部「浦島太郎はそんな自分の行いを後悔しました」とありますが、なぜ浦島太郎は後悔したのですか。具体的に説明しなさい。

【解説】まずは**傍線部のルール❸ 傍線部内の指示語・比喩・わかりにくい表現は具体化して言いかえる**より、「そんな自分の行い」とはどんな行いなのかを考えます。そこで、**傍線部のルール❶ 傍線部を含む一文は丁寧に読む**を意識して一文を見てみると、傍線部の直前に、「ああ、取り返しのつかないことをしてしまったな……」というセリフが見つかります。したがって、

「そんな自分の行い」＝〈取り返しのつかないことをしてしまったこと〉と言いかえることができますね。

すなわち、浦島太郎が後悔したのは、〈取り返しのつかないことをしてしまったから〉だと考えられます。

では、〈取り返しのつかないことをしてしまったから〉をそのまま解答としてもいいでしょうか。

――はい。ダメですね。「取り返しのつかないこと」とはどのようなことかがいまいち伝わりません。設問文にも、「具体的に」とありますから、この「取り返しのつかないこと」とはどんなことなのかを、さらに具体的に説明しなければなりません。**【技術16 設問文の「聞かれていること」と「条件」にマークする】**でもやった通りですね。

では、「取り返しのつかないこと」とは、具体的にどんなことでしょう。実際にマークしてみましょう。

決して開けてはいけないという乙姫さまの言いつけを忘れ、玉手箱を開けてしまった浦島太郎は、海の水面に映る自分の顔を見て驚きました。そこに映っていたのは、真っ白な髪をした、顔がしわだらけの老人でした。浦島太郎は老人になっていたのです。

「ああ、取り返しのつかないことをしてしまったな……」と、浦島太郎はそんな自分の行いを後悔しました。

前頁のように、**記述解答を書くときには、解答の根拠にマークして、どの部分を解答の根拠として書くのかを可視化すること（＝目で見てわかるようにしておくこと）を強くお勧めします。**「ここと、ここと、ここを使って書こう」というように、**解答の根拠にマークをして、解答要素として解答に使うところをそろえてから解答を書き始める**ということですね。記述解答に書く内容を頭の中だけで処理すると、どうしても何を書こうかと迷ったり、書く内容を忘れたりすることが多くなります。**【技術25　解答の根拠をマークして、解答要素をそろえてから書く】**を使うことで、そうした失敗を防ぐというわけです。

また、この技術は**【技術22　本文主義／解答の根拠をもとに解答を作る】**や**【技術23　本文主義／なるべく本文の言葉を使って書く】**ともつながっており、解答要素をそろえてから書くことで、自然と本文をもとにした解答を作ることができるようになります。これをマスターすれば一石二鳥ならぬ、一石三鳥ですね。では、最後に「わかりやすい解答」に整えていきましょう。

【解答例】　決して開けてはいけないという乙姫さまの言いつけを忘れて玉手箱を開けてしまったために、老人になってしまうという、取り返しのつかないことをしてしまったから。

技術26　解答のルール①　主語・述語・目的語のわかりやすい文にする

記述問題の解答は何より、採点者に伝わる文章でなければなりません。選択肢問題であれば、「ア」とか「イ」とか、正しい記号を解答欄に書けば正解がもらえますが、記述問題ではそういうわけにはいかないからです。文章として、正しい解答を、採点者に伝わるように書けなければ正解にならないわけです。いくら自分がわかっているつもりでも、採点者にそれが文章として伝わらなければどうしようもないんですね。

ですから、記述問題の解答を書くときに最も大切なことは何かといえば、

わかりやすい解答を書く

ということに尽きるわけです。

もっと言えば、「わかりやすい解答を書く」とは、

本文を読んだことがない人にも意味の通じる解答を書く

ということですね。

「わかりやすい解答を書くことが大切だなんて当たり前じゃないか」と思うかもしれませんが、これが案外難しいのです。**本文を読んだことがない人にも意味の通じる解答を書くためには、必要だと思われる要素を補って書かねばな**

りません。現に、多くの中学受験生を指導して思うのは、いかにわかりにくい解答が多いかということです。

では、どんなところに注意すれば「わかりやすい解答」が書けるのでしょうか。

これから、特に心がけたい四つのポイントを〈解答のルール〉として説明していきます。まずは、一つ目の〈解答のルール〉です。

解答のルール① 主語・述語・目的語のわかりやすい文にする

次の例題1～4の文章のどこがおかしいのか、どうすればわかりやすい文になるのかを見ていきましょう。

【例題1】桃太郎が今したいことは、鬼ヶ島の鬼を退治したいということです。

【解説】これは主語と述語が一致していない文のかなり極端な例ですが、実はこういった解答を書く生徒はとても多いんですね。この場合、主語と述語をわかりやすくするために、(1)「桃太郎は～退治したいのです」または、(2)「桃太郎が今したいことは～退治することです」のいずれかで書くといいですね。

【修正例】(1)桃太郎は今、鬼ヶ島の鬼を退治したいのです。

(2)桃太郎が今したいことは、鬼ヶ島の鬼を退治することです。

【例題2】おじいさんとおばあさんは、桃太郎が鬼が悪事を働いていることついて説明したことを理解した。

【解説】主語が複数あり、述語が入り乱れているからわかりづらい。その理由は、「おじいさんとおばあさんは～理解した」「桃太郎が～説明した」という主語・述語が離れていて、その中に「鬼が悪事を働いている」という主語・述語が入り込んでしまっているからですね。それを解消するには、「おじいさんとおばあさんは～理解した」「桃太郎が～説明した」「鬼が悪事を働いている」という主語・述語関係を近づけてあげるとわかりやすい文になるでしょう。

【修正例】鬼が悪事を働いていることについて桃太郎が説明したことをおじいさんとおばあさんは理解した。

【例題3】桃太郎はきびだんごをやって、犬と猿とキジは家来になって、船に乗って鬼ヶ島に行った。

【解説】これはいろいろとややこしいですね。一文の中に「桃太郎」と「犬と猿とキジ」という二つの主語があるために、「船に乗って鬼ヶ島に行った」のが誰なのかがわかりづらくなっています。つまり、**誰の視点で書かれた文なのか、そこが混乱しているん**ですね。一つの解決策は次のように、「桃太郎」を主語にした文として書くこと。「犬と猿とキジ」は**目的語（「～を」「～に」に当たる言葉）**として処理しましょう。また、「～って」が連続するからそこもうまく解消したいですね。

【修正例】（1）桃太郎はきびだんごをやった犬と猿とキジ**を**家来にして、船で鬼ヶ島に行った。

（2）桃太郎は犬と猿とキジ**に**きびだんごをやって家来にし、船で鬼ヶ島に行った。

【解説】もう一つの解決策は、「桃太郎」「犬と猿とキジ」を主語にした部分は残しつつ、「船に乗って鬼ヶ島に行った」のが誰なのかもわかるように、主語を補うこと。ここでも「～って」の連続は解消しておきましょう。

【修正例】（3）桃太郎はきびだんごをやって、犬と猿とキジは家来になり、**桃太郎とその家来たちは**船に乗って鬼ヶ島に行った。

技術27　解答のルール②　指示語・比喩・わかりにくい表現は具体化して言いかえる

〈解答のルール〉の二つ目。これはとてもよく使う技術です。にもかかわらず、〈解答のルール〉の中でも最も定着しにくいルールかもしれません。例題を見てみましょう。

【例題A】玉手箱をもらっても、絶対にそのふたを開けてはいけない。それによって恐ろしい煙が出てきて、老人になってしまっては取り返しがつかないからだ。

【問】傍線部「取り返しがつかない」とはどういうことを指していますか。

【解説】まずは**傍線部のルール❶　傍線部を含む一文は丁寧に読む**より、傍線部だけでなく、傍線を含む一文全体を読みましょう。すると、「取り返しがつかない」とは、直前の「それによって恐ろしい煙が出てきて、老人になってしまって」のことを指しているとすぐにわかると思います。では、これをそのまま用いて、次のような解答としたらどうでしょう。

〈**それ**によって恐ろしい煙が出てきて、老人になってしまうこと。〉

この解答のままでは、指示語「それ」が何を指しているのかわかりませんね。ですから「わかりやすい解答」とは言えないわけです。こういう場合、解答に含まれる**「そのままでは伝わりにくい指示語」を具体化して言いかえなければなりません**（ちなみに、**「具体化」とは「詳しくわかりやすい内容に言いかえること」**だと理解してください）。

では、指示語「それ」は具体的に何を指しているのかを本文中から考えてみると、〈玉手箱のふたを開けること〉だとわかりますね。したがって、これを指示語「それ」に当てはめると、次のようになります。

〈**それ**によって恐ろしい煙が出てきて、老人になってしまうこと。〉

↓

〈**玉手箱のふたを開けること**によって恐ろしい煙が出てきて、老人になってしまうこと。〉

このように、そのままでは伝わらない指示語は、それがどんなことを指すのかを具体的に言いかえて解答を作りましょう。右の文を少し整えると、次のような解答例が得られます。

【解答例】　玉手箱のふたを開けると恐ろしい煙が出てきて、老人になってしまうこと。

【例題B】浜辺に行くと、子供たちが亀をいじめていた。しかし僕はそれを止める勇気がなかった。そこへ浦島太郎がやってきて、亀を助けた。その様子を僕は岩かげからこっそり見ていた。何もできなかった僕は、穴があれば入り

たい気持ちだった。

【問】傍線部「何もできなかった僕」とありますが、このときの「僕」の気持ちを簡単に説明しなさい。

【解説】この解答を次のように書いたらどうでしょうか。

〈**穴があれば入りたい**気持ち。〉

本文には確かにそう書いてあっても、当然のことながら、実際の穴に「僕」が入るわけではありませんね。するとこれは、比喩表現（慣用句）を使った解答ということになります。こういう場合、**比喩は一般的なわかりやすい言葉に具体化して言いかえなければなりません。**「穴があったら入りたい」とは、「身を隠したいほど恥ずかしい」という意味ですね。よって、正しくは次のような解答が望ましいです。

【解答例】　**身を隠したいほど恥ずかしい**気持ち。

【例題C】浦島太郎は亀を助けたのに、わずか三年間の竜宮城生活を楽しんだのちに、結局は玉手箱の誘惑に負けて老人になってしまいます。そして、善い行いをしたのに悲しい結末を迎えるその話に、私たちは何ともいえない後味

の悪さと、しかし同時に真実らしさを感じます。浦島太郎の話は、そんな「世の不条理」を感じさせるからこそ、時代を超えて語り継がれるのかもしれません。

【問】傍線部「時代を超えて語り継がれるのかもしれません」とありますが、その理由をわかりやすく説明しなさい。

【解説】**傍線部のルール❶　傍線部を含む一文は丁寧に読む**より、傍線部の直前を見ると、〈浦島太郎の話は、そんな「世の不条理」を感じさせるからこそ〉とありますから、それを解答の根拠に、

〈浦島太郎の話は、「世の不条理」を感じさせるから。（24字）〉

という解答はどうでしょうか。

――はい。残念ながら、「もう一歩」というところですね。記述解答は、【技術26】のところで説明した通り、

わかりやすい解答を書く＝本文を読んだことがない人にも意味の通じる解答を書く

ということが第一なんですね。今回の場合、「浦島太郎の話は、『世の不条理』を感じさせる」とはどういうことなのか、これだけでは伝わりませんね。ですから、こういう**わかりにくい表現は具体化して言いかえなければなりません。**

では、「浦島太郎の話は、『世の不条理』を感じさせる」とは、具体的にはどういうことなのか――これは本文の次の部分からわかるのではないでしょうか。

善い行いをしたのに悲しい結末を迎えるその話に、私たちは何ともいえない後味の悪さと、しかし同時に真実らしさを感じます

つまり、**なるべく本文の言葉を使って解答を書く**と、

浦島太郎の話は、「世の不条理」を感じさせる

↓

善い行いをしたのに悲しい結末を迎える浦島太郎の話に、私たちは何ともいえない後味の悪さと同時に真実らしさを感じる

と言いかえることができますね。よって、正解は次のような解答が考えられます。

【解答例】 善い行いをしたのに悲しい結末を迎える浦島太郎の話に、私たちは何ともいえない後味の悪さと同時に真実らしさを感じるから。

解答のルール② 指示語・比喩・わかりにくい表現は具体化して言いかえる は〈解答のルール〉の中でも特によく使うルールです。これを使いこなせるかどうかが記述問題の得点を大きく左右します。よく練習して、ぜひ身につけてください。

技術28　解答のルール③　具体例は抽象化して言いかえる

【例題A】竜宮城で暮らして三年が経った、ある春の日のことだった。浦島太郎はふと故郷の父と母のことを思い出した。すると、なつかしい父と母の姿が目に浮かんできた。そして、両親は自分がいなくなってからも元気で暮らしているだろうかと考えると、急に故郷へ帰りたくなったのだった。

【問】浦島太郎はなぜ、急に故郷へ帰りたくなったのですか。25字前後で説明しなさい。

【解説】本文に「なつかしい父と母の姿が目に浮かんできた。そして、両親は自分がいなくなってからも元気で暮らしているだろうかと考えると」とあるので、これをなるべくそのまま使って解答にすれば次のような解答が得られますね。

〈なつかしい父と母の姿が目に浮かび、両親は自分がいなくなってからも元気で暮らしているだろうかと考えたから。〉（52字）

字数制限を満たさないため、これは本問の正解としてはふさわしくありませんが、字数制限さえなければ解答として間違いではありません。ただし、実際の入試問題では、右のような「具体例をそのまま抜き出したような解答」が求められることはほとんどありません。**原則として、具体例は抽象化して言いかえるものだと考えておくのがよいでしょう**（ただし、「具体的に説明しなさい」などの条件がある場合には、具体例を入れて解答を作る必要があります）。

では、これから具体例を抽象化した解答を考えてみましょう（ちなみに、**「抽象化」とは「具体的な内容を簡潔に短く言いかえること」**だと理解しください）。

浦島太郎が故郷に帰ろうと思った理由は、大きく二つあります。具体的には「なつかしい父と母の姿が目に浮かんできた」ことと、「両親は自分がいなくなってからも元気で暮らしているだろうかと考えると」という部分。そこで、これらの具体的内容を抽象化してみましょう。たとえば、次の二つのような言いかえはどうでしょうか。

【理由の具体的内容１】なつかしい父と母の姿が目に浮かんできた
↓
【抽象化例１】父と母がなつかしくなった

【理由の具体的内容２】両親は自分がいなくなってからも元気で暮らしているだろうかと考えると
↓
【抽象化例２】両親が心配になった

そんなに難しくありませんね。**具体例を抽象化するときのポイントは、「意味を変えずに短く簡潔にすること」**です。特に字数制限のある記述解答では、この抽象化の技術が大いに役立ちます。

【解答例】　両親のことがなつかしくなり、心配にもなったから。（24字）

【例題Ｂ】鬼退治を終えてからの桃太郎は、毎日ぼんやりしているばかりで、何もやる気が起きません。そんな桃太郎を見かねた犬、猿、キジたちは、
「桃太郎さん、世界にはもっとたくさんの悪いやつがいるらしいですよ。また私たちと退治しにいきましょう」と声をかけました。桃太郎はそれを聞いて、
「ぼくはだめだなあ。しっかりしなくちゃ。ようし！　世界中の悪いやつをやっつけにいこう」と自分に言い聞かせるのでした。

【問】傍線部「自分に言い聞かせるのでした」とありますが、桃太郎がそのようにした理由を20字前後で説明しなさい。

【解説】本文の言葉をなるべくそのまま使うなら、たとえば次のような解答が考えられるでしょう。

〈「桃太郎さん、世界にはもっとたくさんの悪いやつがいるらしいですよ。また私たちと退治しにいきましょう」と犬、猿、キジに声をかけてもらったから。（70字）〉

ただ、一般的に、本文中の具体的なセリフをそのまま記述解答に使うことはおすすめしません。**セリフ部分を解答の根拠として使いたい場合には、要するにどういうことを言っているのかと、その内容を抽象化しましょう。**今回の場合、犬、猿、キジの具体的な言葉は、たとえば次のように抽象化できそうです。

【セリフ】「桃太郎さん、世界にはもっとたくさんの悪いやつがいるらしいですよ。また私たちと退治しにいきましょう」

↓

【抽象化例】犬、猿、キジからの**悪者退治の誘い**／**悪者退治をしようという**犬、猿、キジからの**誘い**

どうですか。セリフを抽象化すること自体は、そんなに難しくはありませんよね。このように、セリフを抽象化して解答を作らなければならない場合は結構ありますので、**解答のルール③ 具体例は抽象化して言いかえる** をぜひ意識して使えるようにしてください。また、「犬、猿、キジ」も、「家来」などと抽象化しておきましょう。

【解答例1】家来から悪者退治の誘いを受けたから。（18字）

【解答例2】家来に悪者退治をしようと誘われたから。（19字）

技術29　解答のルール④　文末表現に注意する

問われたことに対して適切に答えるということは、記述問題に限らず、どの問題でも大切なことです。記述問題では特に、問われたことに対する正しい文末表現に気をつけましょう。こう問われたらこう答える、という文末表現は、あらかじめ覚えておいた方が楽ですね。

代表的な設問のパターン	解答の文末表現
～とはどういう**こと**か？	～こと。
～は**何**を表しているか	～こと。～もの。（または体言止め）
～は**なぜ**か？	～から。
～の**理由**を説明しなさい。	
～の**気持ち**を答えなさい。	～気持ち。（または気持ちを表す言葉）

技術30　長い解答を書くときの手順

たとえば60字以上や80字以上などの長い解答を書くとき、「何を書いたらいいんだろう」「どうやってそんなに長い解答を書けばいいんだろう」と、迷うことがありませんか。

そう、長い記述問題を書くときに困るのが、

いったい何をそんなに長く書けばいいの？

ということだと思うんです。

でも、大丈夫！　これから、長い記述解答を書くときのコツを教えます。そうではありませんか。

――もちろん、**長い記述解答を書くときには、いきなり書き始めてはいけませんよ。**書いているうちに、何を書かなければならないのかを忘れてしまったり、初めに書こうと思っていたこととは別の方向に行ってしまったり、肝心なところを書ききらないうちに字数が足りなくなってしまったりするからです。

長い解答を書くときには、次の手順を意識して書きましょう。

❶聞かれていることに対する端的な答え（＝必要最低限の解答）を考える

❷ ← ❶ 理由・対比・同格を付け加える

これ、とても大事です。この手順を意識して書くと、長い解答を書くときに何を書くべきかを迷わずに済みます。

では、そのあたりを例題で詳しく見ていきましょう。

【例題】桃太郎は、家来である犬、猿、キジにきびだんごを食べさせ、使っているだけの存在ではありません。時には厳しい言葉をかけたり、わざと冷たく対応したりしながらも、常に家来たちの気持ちに寄り添い、彼らの成長と幸せを願って行動します。桃太郎はまさに、家来たちの主人であると同時に教育者なのです。そんな桃太郎を家来たちは心から信頼しています。

【問】家来たちにとって、桃太郎とはどのような存在といえますか。

（1）20字前後で答えなさい。

（2）80字以上100字以内で答えなさい。

【解説（1）】字数制限が20字前後と短いですから、問いに対する端的な答え――すなわち、**解答として少なくともこれは絶対に必要だろうという「必要最低限の解答」**を考えましょう。そしてこれはとても大事なことなので必ず覚えておいてほしいのですが、**記述問題の解答ではいつも、まずは聞かれていることに対する端的な答え（＝必要最低限の解答）を考えることを習慣づけてください。**要求されている字数が多くても少なくても、聞かれていることに対して端的に答えるとこういう答えだろうな、と考えるのです。

簡単な例をあげると、

【聞かれていること】なぜあなたはお腹が減っているのですか。

↓

【端的な答え】お昼ご飯を食べなかったから。

という感じです。これくらい短くていい。

「本当は食べたかったのだけど、学校から帰ってくるのが遅かったので、時間がなく、お昼ご飯を食べられなかったから。」などと、最初から長々と考える必要はありません。解答として一番必要な部分、つまり「必要最低限の解答」を考えましょう。――なぜかといえば、**記述問題では、解答に入れるべき一番必要な部分が入っていなければ、大きく得点がつかない**からです。

たとえば先ほどの「なぜあなたはお腹が減っているのですか」という問いに対して、「学校から帰ってくるのが遅かったから」とか「時間がなかったから」という部分をいくら書いても、聞かれていることに対して答えていることにはなりませんよね。10点中0点です。ここでは「お昼ご飯を食べなかったから」という部分がどうしても解答に入っていなくてはいけない――すなわち、解答に最低限入れるべき部分が入っていなければ、答えとして成立しないんですね。だから、得点がつかなくても当然なんです。

ですから、改めてよく覚えておいてほしいのですが、**記述問題では、字数が長かろうと短かろうと、まずは聞かれ**

ていることに対しての端的な答え（＝必要最低限の解答）を考えることが不可欠だということです。それ以外の部分はいってみれば「飾り」ですから、あとで適当に付け足せばいいんです。

聞かれていることに対する端的な答え（＝必要最低限の解答）を考える

これは記述問題において非常に大事なことなので、くどいくらいに強調しておきます。

さて、これをふまえると、この「例題」ではもちろん、次のような解答になるでしょう（なお、「どのような存在といえますか」と問われていますので、**解答のルール④　文末表現に注意する** より、解答の文末は「〜存在。」とするのがいいでしょう）。

【解答例（1）】　主人であると同時に教育者ともいえる存在。（20字）

【解説（2）】さて、ここからが本題です。今回の80字以上100字以内のような、あるいはさらに100字を超える長い記述解答を書くにはどう頭を働かせて書けばよいか、についてです。

「問（1）」でやったように、**まずは聞かれていることに対する簡潔な答え（＝必要最低限の解答）を作ること**――これは字数が長くても短くても変わりません。どの問題でも同じです。これを土台にして、そこに「飾り」をつけて、長い解答を作っていきます。ですから、くどいですが、まずは「必要最低限の解答」をしっかり作ることです。

では、その先はどうするか。これは実際の問題の内容によるのですが、

①理由
②対比
③同格（＝言葉を詳しく説明する部分、修飾語句）

のいずれか、または複数の要素を付け加えることによって、要求字数を満たす解答にします。

では実際に、①理由、②対比、③同格の要素を付け加えた場合を詳しく見ていきましょう。

【例題】桃太郎は、[対比]家来である犬、猿、キジにきびだんごを食べさせ、使っているだけの存在ではありません。時には厳しい言葉をかけたり、わざと冷たく対応したりしながらも、[理由]常に家来たちの気持ちに寄り添い、彼らの成長と幸せを願って行動します。桃太郎はまさに、家来たちの主人であると同時に教育者なのです。[同格]そんな桃太郎を家来たちは心から信頼しています。

①「理由」を付け加える場合

まずは、〈主人であると同時に教育者ともいえる存在〉という「必要最低限の解答」に対して、なぜそうだと言えるのかという**「理由」**を付け加える場合を考えてみます。

その理由は、本文の2〜3行目にマークした根拠より、〈常に自分たちの気持ちに寄り添いながら、その成長と幸せを願って行動してくれる**から**〉でしょう（なお、この問いでは、家来たちにとって桃太郎はどのような存在かと聞かれているので、家来たちの立場・視点から解答を作らねばなりません。したがって、本文の「家来たち」を「自分たち」などと言いかえます）。

そして、この内容を「必要最低限の解答」の前につなげて解答を作ります。次のような感じですね。

[理由]〈常に自分たちの気持ちに寄り添いながら、その成長と幸せを願って行動してくれる、主人であると同時に教育者ともいえる存在。（60字）〉

字数制限が60字前後であれば、これでも十分よい解答だと思います。

②「対比」を付け加える場合

今度は〈主人であると同時に教育者ともいえる存在〉という「必要最低限の解答」に、**「対比」**の要素を付け加える場合を考えてみます。

ここでの「対比」の要素は、本文1行目にマークした根拠より、〈自分たちを食べさせ、使うだけ**ではなく**〉ということでしょう。この「対比」の内容を「必要最低限の解答」の前につけて解答を作ると、次のようになります。

[対比]〈自分たちを食べさせ、使うだけではなく、主人であると同時に教育者ともいえる存在。（41字）〉

40字前後で答えなければならないのであれば、これも一つの答えでしょう。

③「同格」を付け加える場合

「同格」とは、「言葉を詳しく説明する部分」といった意味で、「修飾語句」と理解するとわかりやすいかもしれません。

たとえば、「桃から生まれた桃太郎」という表現で考えてみると、

[同格] **桃から生まれた**（桃太郎を詳しく説明している部分）→ 桃太郎

というように、**「桃から生まれた」という部分は、その後ろの「桃太郎」という言葉を詳しく説明する修飾語句になっ**

ていますね。このような修飾語句が「同格」にあたります。

では、話をもとに戻しましょう。「例題」での「同格」といえば、4行目にマークした次の部分でしょう。

［同格］そんな桃太郎を家来たちは心から信頼しています

ここには〈［同格］**家来たちが心から信頼している**（桃太郎を詳しく説明している部分）桃太郎〉という同格関係があることがわかりますか。「家来たちが心から信頼している」は「桃太郎」の修飾語句になっています。そしてこの「同格」の部分を「必要最低限の解答」の前に付け加えてみると、次のような解答が得られます。

〈［同格］自分たちが心から信頼している、主人であると同時に教育者ともいえる存在。（37字）〉

さて、ここまで、①理由、②対比、③同格を付け加えて解答を長くする方法を一緒に見てきました。実際の記述問題では、字数制限に合わせて、あるいは付け加える内容の重要度を判断した上で、①理由、②対比、③同格のいずれか、またはいくつかを付け加えて長い解答を作りましょう。

今回の「例題」の「問（2）」は、80字以上100字以内という字数制限ですから、これまでに見てきた、

① **理由**…常に自分たちの気持ちに寄り添いながら、その成長と幸せを願って行動してくれる
② **対比**…自分たちを食べさせ、使うだけではなく
③ **同格**…自分たちが心から信頼している

というすべての「飾り」の要素を付け加えた解答を作ってみましょう。

「必要最低限の解答」を文章の最後に置いて、その前に、①理由、②対比、③同格を付け加えます。――次のような解答はどうでしょう。過不足のない、わかりやすい解答になっていることを確認してみてください。

> 【解答例（2）】［対比］自分たちを食べさせ、使うだけではなく、［理由］常に自分たちの気持ちに寄り添いながら、その成長と幸せを願って行動してくれる、［同格］心から信頼する主人であると同時に教育者ともいえる存在。（90字）

さて、最後にちょっとした補足を。

長い解答を書くときには、

❶　聞かれていることに対する端的な答え（＝必要最低限の解答）を考える

❷ ← ❶

❷　理由・対比・同格を付け加える

という手順を意識して書きましょうと説明してきました。ただし、「**❷理由・対比・同格を付け加える**」に関して、実際には重要度にやや差があります。もちろん問題にもよるのですが、原則として、**「理由」→「対比」→「同格」という優先順位で付け加える要素を考える**と、うまくいくことが多いです。まずは付け加えられる「理由」がないかを探す。次に「対比」。最後に「同格」という感じですね。これも覚えておいてください。

技術31　長い解答は分けて書く

80字や100字を超える長い記述解答を一文で書こうとすると、どうしても主語・述語がわかりづらくなったり、途中で日本語のつながりの間違えが起こりやすくなったりします。これは、**解答のルール① 主語・述語・目的語のわかりやすい文にする**とも関連しますね。そんなときには無理して一文で書かずに、文を分けましょう。たとえば次の例を見てください。

【例1】記述問題では時々、「」（カギかっこ）がついているのはなぜかという問いが出ることがあって、例を挙げると、桃太郎は鬼ヶ島に出かけて行って鬼たちを退治したが、それは桃太郎側の「正義」を振りかざしたに過ぎないのではないか、などと使う場合の「」で、この「」は、桃太郎の行為は本来の意味での正義ではなく、鬼の事情などを考えない、桃太郎側から見た一面的な正義にすぎない、という「皮肉」を込めたものとして使われているのである。（205字）

右の文でもなんとか意味は通じますが、一文が長いため、わかりにくくありませんか。そんなとき、たとえば次の修正案のように文を分けるとわかりやすくなります。

【例1／修正案】記述問題では時々、「」（カギかっこ）がついているのはなぜかという問いが出ることが**ある**。例を挙げると、桃太郎は鬼ヶ島に出かけて行って鬼たちを退治したが、それは桃太郎側の「正義」を振りかざしたに過ぎないのではないか、などと使う場合の「」**だ**。この「」は、桃太郎の行為は本来の意味での正義ではなく、鬼の事情などを考えない、桃太郎側から見た一面的な正義にすぎない、という「皮肉」を込めたものとして使われているのである。（204字）

次の例はどうでしょう。

【例2】イソップ寓《ぐう》話の「北風と太陽」では、北風と太陽のどちらが旅人の服を脱がせることができるかという勝負をしますが、北風がいくら力いっぱい風を吹かせても旅人は服を脱がず、それどころか旅人は風に吹きとばされないように服をしっかり押さえてしまいますが、太陽は北風と違って乱暴な方法を使わず、暖かい光をさんさんと降り注いだだけでしたが、旅人はだんだんと暑くなって自分から服を脱いでしまったという話で、物事には厳罰で挑むよりも寛容な態度で臨む方がよいという教訓が込められています。（232字）

右の文章もわからないではありません。ただ、「が」の多用によってわかりづらい文章になっているだけでなく、長いために主語と述語のねじれも起こってしまっています。また、一文の中に「北風」「太陽」「旅人」という異なる主語が入っていることもわかりづらい文章にしている一因です。特にこの例文のように、一文に異なる主語がある場合には無理して一文で書かず、接続語や指示語などをうまく使って文を分けることをお勧めします。それによって、主語と述語のねじれも起きにくくなります。たとえば次の修正案のような感じです。少しの工夫で、だいぶわかりやすくなりますよね。

【例2／修正案】

イソップ寓話の「北風と太陽」では、北風と太陽のどちらが旅人の服を脱がせることができるかという勝負をします。**しかし**、北風がいくら力いっぱい風を吹かせても旅人は服を脱がず、それどころか旅人は風に吹きとばされないように服をしっかり押さえてしまいます。**一方**、太陽は北風と違って乱暴な方法を使わず、暖かい光をさんさんと降り注いだだけでしたが、旅人はだんだんと暑くなって自分から服を脱いでしまい**ます。この話には**、物事には厳罰で挑むよりも寛容な態度で臨む方がよいという教訓が込められています。（239字）

技術32　解答の要素は多めに入れる

一般的に、記述問題の採点は「加点方式」で行われます。加点方式とは、問題作成者が想定する**「要素（＝解答に入れるべきことがら）」**に対して得点がつくという採点法のことで、「要素採点」などとも呼ばれます。たとえば、○○という要素が解答にあれば3点、△△があれば2点、□□があれば2点……というように採点されるというわけですね。

仮に、問題作成者が次のような想定解答（10点満点）と要素ごとの配点をしていたとしましょう。

【想定解答】『竹取物語』とは、／竹取の翁によって竹の中に発見された[2点]／かぐや姫が月の世界に帰るまでの出来事を描く[2点]、／平安時代前期に作られたとされる[2点]／日本最古の物語[2点]であるが、／作者は不詳[2点]である。

この想定解答に対して、次のような解答を書いた場合には、得点は6点になるというわけです。

【6点解答】『竹取物語』とは、／竹取の翁が発見した[1点]／かぐや姫のことを描く[1点]、／日本最古の物語[2点]で、／作者は不[2点]詳である。

――だとすれば、記述問題で高得点を取るための方針というのは、自ずと決まりますね。――そうです、

できるだけ多くの解答要素を入れる

ということです。はい。もう、これしかありません。いくら長い解答を書いたとしても、必要な要素が入っていなければ得点がつかないのですから。

ただし、ここに一つ大きな問題があるんですね。それは――**記述問題を解いているときには、どの要素を入れれば得点になるのかはわからない**――ということです。当然ですね。記述問題の想定解答をあらかじめ教えてもらわない限り、必要な解答要素を事前に知ることはできません。だから実際には、**どの要素を解答に入れるべきかがわからない状態で、できるだけ多くの解答要素を入れなければならない**というわけです。

――では、そのためには、どうしたらいいのでしょう。

やはり、現実的な解決法としては、

解答の要素は多めに入れておく

ということに尽きるのではないでしょうか。

問題を解いている時点では、どの解答要素にどれだけの得点がつくかはわからないわけですから。でも、そもそも要素が入っていなければ、得点にならない。――だとすれば、取るべき方法は一つ。「これは書いておいた方がいいかな」と思う要素は解答に入れておこう、ということです。

ある要素を入れるべきかどうか迷ったら、字数が許す範囲で入れておく

というのが現実的な対処法でしょう。なるべく多くの要素を入れようという意識で書く。迷ったら入れる方向で。入れても得点にならない場合もありますが、少なくとも、要素が入っていなければ、得点になる可能性すらないわけですからね。そのためにも、**【技術25　解答の根拠をマークして、解答要素をそろえてから書く】**は使いこなせるようにしておきたいものです。

技術33　名詞化と抽象化で字数を減らす

記述問題では多くの場合、「〇〇字以内で説明しなさい」などといった字数制限があります。本文を正しく読み取れていたとしても、指定字数で解答を書けなければ得点にならないのですね。その意味では、記述問題は字数制限との戦いでもあります。そして、たとえばA、B、Cと書かねばならない要素があったときに、A、Bしか字数内に収められなければ、Cの分の得点はもらえない――つまり、**記述問題は、書かねばならない要素をいかに字数制限内に収めるか、という戦い**でもあるわけです。

さて、そんなときに役立つのがこの**【技術33　名詞化と抽象化で字数を減らす】**です。――**【技術30　長い解答を書くときの手順】**が解答を長く伸ばす技術だとすると、この【技術33】はその逆で、解答を短く縮める技術、圧縮する技術と言えるでしょう。かなり応用が利きます。では、どのような技術なのかを例題で見てみましょう。

【例題】（1）なぜ桃太郎はあんなに強いのかということを鬼の大将は力を込めて語った。（34字）

（2）かぐや姫は、父と母とがいかに自分のことを大事に思ってくれているかを知り、どうしても月に帰らなければならない我が身が悲しくてたまらなかった。（69字）

【問】（1）、（2）の文章を、内容を変えずに短くしなさい。

【解説（1）】短くできそうなところは二箇所あります。特に、太字の部分の名詞化に注目してみてください。

① **なぜ**桃太郎は**あんなに強いのかということ**（19字）→桃太郎の**強さの秘密**（9字）

② **力を込めて語った**（8字）→**力説**した（4字）

これらをもとにすると、次のような解答例が得られます。**名詞化**することでだいぶ字数を減らせていることがわかりますね。（34字→20字）。

> 【解答例（1）】桃太郎の**強さの秘密**を鬼の大将は**力説**した。（20字）

【解説（2）】短縮したポイントは次の三点。

① 父と母（3字）→両親（2字）、親（1字）

② いかに自分のことを**大事に思ってくれているか**（21字）→自分への**愛情**（6字）

③ **どうしても**月に帰らなければならない**我が身**（20字）→月へ帰らなければならない**運命**（14字）

特に②、③のような、**文章内容の抽象化**は、字数短縮において欠かせない技術です。これらをふまえた解答例を二つ作ってみました。今回の解答例もだいぶ字数が減りましたね。（69字→46字／41字）

【解答例（2）】かぐや姫は、**両親**の自分への**愛情**を知り、月へ帰らなければならない**運命**が悲しくてたまらなかった。（46字）／かぐや姫は、**親**の**愛情**を知り、月へ帰らなければならない**運命**が悲しくてたまらなかった。（41字）

このように、**【技術33　名詞化と抽象化で字数を減らす】**を使いこなして解答を短縮できるようになると、字数に余裕が生まれますね。すると、それによって、解答に多くの要素を入れることができるようになる――つまり、**【技術32　解答の要素は多めに入れる】**を活かしやすくなるというわけです。ぜひ合わせて身につけて、得点になる解答を作れるようになってください。

技術34　必要な情報は補って書く

この技術は特に「言いかえ問題」を解くときに使えるようにしたい技術です。例題を通してその技術を見ていきたいと思います。

【例題】桃太郎のおかげで鬼ヶ島も平和になり、赤鬼のオニ太は桃太郎と大の仲良しになった。おせっかいで、何かとお説教の多い桃太郎だけれど、それもオニ太の成長を思ってのこと。なんだかんだ言って、オニ太は桃太郎に感謝しているのだ。そこでオニ太は、桃太郎に日ごろの感謝の気持ちを伝えようと、大切にしている鬼の金棒をプレゼントすることに決めた。だが、桃太郎はオニ太に会うなり、オニ太の勉強のことや、昼寝ばかりしてなまけていることを挙げ、

「このままじゃいつまでたっても一人前の赤鬼になれないぞ！」と、また小言を言うのだった。

せっかく、感謝の気持ちから、桃太郎に鬼の金棒をプレゼントしようと思っていたのに……。

オニ太は「桃太郎なんか嫌いだ！」と言い残して、村を飛び出していってしまった。気持ちとは裏腹な行動をとってしまったのである。

【問】傍線部「裏腹な行動」とあるが、どういうことか。わかりやすく説明しなさい。

【解説】「裏腹」とは「正反対であること、真逆であること」を意味する言葉です。たとえば、本当の気持ちと正反対の言動をとってしまったときに、「本当の気持ちとは裏腹な言葉を言ってしまった」などと使います。要するに、本心と実際の言動との間に大きなギャップがあることを「裏腹」というわけです。

この例題もそれと同じですね。本心では桃太郎に感謝の気持ちを抱いているにもかかわらず、その感謝の気持ちを伝えるどころか、桃太郎を嫌いだと言ってしまったのです。ですから、ここでの「裏腹な行動」が何を指すかといえば、

「桃太郎なんか嫌いだ！」と言い残して、村を飛び出していってしまった

という行動のことでしょう。なお、「桃太郎なんか嫌いだ！」というセリフはそのまま使わず、**解答のルール③ 具体例は抽象化して言いかえる** によって解答を作ります。すると、次のような解答が考えられますね。

「裏腹な行動」＝〈桃太郎のことが嫌いだと言い残して、オニ太が村を飛び出していってしまったこと〉

ただ、これをそのまま解答としてもよいでしょうか。――バツではないかもしれませんが、10点中3点くらいの解答でしょう。

なぜかといえば、**これだけでは、「裏腹な行動」がどんな気持ちや言動と裏腹なのか、という肝心な部分が伝わらない**からです。「裏腹」のニュアンスが解答に反映されていないんですね。そのためにはやはり、「本当の気持ち」や「本当は行おうと思っていた言動」まで説明する必要があるでしょう。すなわち、設問文に、「裏腹の意味合いを解答に入れて説明しなさい」などという条件が書かれていなくとも、裏腹のニュアンスは入れるべきだということです。

このように考えてみると、

「わかりやすい解答」を書くためには、設問で特に指示されていなくとも、必要な情報を補って書く必要がある

ということがわかります。もちろん、これは言いかえ問題に限ったことではありません。**採点者に伝わりやすい、親切で丁寧な解答を書くことは、どの問題でも心がけたいところです。**目立たない技術かもしれませんが、こういうところが案外、記述問題では大きな差につながるんですね。**採点者への親切心**、大事です。

さて、「わかりやすい解答」のために必要な情報として、「本当の気持ちや言動（＝本当は感謝の気持ちから桃太郎に鬼の金棒をプレゼントしようとしていた）」や、さらには「裏腹な行動をとってしまった理由（＝桃太郎に小言を言われたから）」も補ってみたものが次の解答です。どうでしょうか。「裏腹」のニュアンスがしっかり伝わる、わかりやすい解答になりましたね。

【解答例】　**本当は感謝の気持ちから桃太郎に鬼の金棒をプレゼントしようとしたが、桃太郎に小言を言われたため、**桃太郎のことが嫌いだと言い残して、オニ太が村を飛び出して行ってしまったこと。

技術35　「理由」とは「結果」を直接的に生み出すもの

これは主に「理由問題」に関する技術です。早速、例題で考えてみましょう。

【例題】昔、ある羊飼いの少年が、退屈しのぎに、「オオカミが来た！」と繰り返し嘘をついて騒ぎを起こしていた。そのため、本当にオオカミがやって来たときには、誰も少年の言葉を信用してくれず、助けに来てくれなかったので、少年はオオカミに食べられてしまった。このことから、嘘ばかりついている人のことを「オオカミ少年」と呼ぶようになった。

【問】羊飼いの少年はなぜオオカミに食べられてしまったのですか。その理由として適切な答えを次のア〜ウの中から一つ選びなさい。

ア　オオカミが来たと繰り返し嘘をついていたから。

イ　誰も少年の言葉を信用してくれなかったから。

ウ　誰も少年を助けに来てくれなかったから。

【解説】羊飼いの少年がオオカミに食べられてしまった「理由」を答える問題です。これはもちろん「ウ」ですよね。

【解答】　ウ

さて、ここで確認してほしいことは、なぜ「ア」や「イ」ではなくて「ウ」なのか、ということです。

「何となく『ア』も『イ』もちがう気がするから……」なんて答えないでくださいね。何となく「ア」も「イ」もちがうと思うのはなぜなのか、そこが案外大事なんです。――つまり、ここで考えたいのは、**そもそも「理由」とは何か**ということなんです。

「なんだ、そんなことわかりきったことじゃないか」と思うかもしれませんが、まあ、聞いてください。

恐らくあなたが、「ア」や「イ」が何となくちがうと思ったのは、理由「ア」「イ」と、「羊飼いの少年はオオカミに食べられてしまった」という「結果」をそれぞれ次のようにつないでみたとき、

ア　**オオカミが来たと繰り返し嘘をついていたから、**羊飼いの少年はオオカミに食べられてしまった。

イ　**誰も少年の言葉を信用してくれなかったから、**羊飼いの少年はオオカミに食べられてしまった。

そこには因果関係が成り立たないように思えるからではありませんか。**「オオカミが来たと繰り返し嘘をついていたこと」や「誰も少年の言葉を信用してくれなかったこと」によって、直接的に「羊飼いの少年はオオカミに食べられてしまった」という事態が発生したわけではありませんよね。**――ですから、右のようにつないでみたとき、文章として明らかにおかしく思えるのです。

一方、理由「ウ」と、「羊飼いの少年はオオカミに食べられてしまった」という「結果」をつないでみると、次の

ようになります。

ウ　**誰も少年を助けに来てくれなかったから、**羊飼いの少年はオオカミに食べられてしまった。

こちらの方は、直接的な因果関係がありますよね。つまり、**「誰も少年を助けに来てくれなかった」ということが、「羊飼いの少年はオオカミに食べられてしまった」という結果を直接的に生み出しているん**ですね。

では、ここからわかることを整理してみましょう。

選択肢ア、イ、ウが「理由」と感じられるか、感じられないかの違いは、

それが直接的に「結果（＝羊飼いの少年はオオカミに食べられてしまった）」を生み出しているかどうか

にあるということですね。確かに、「オオカミが来たと繰り返し嘘をついていたこと」や、「誰も少年の言葉を信用してくれなかったこと」は、少年がオオカミに食べられてしまったことのそもそもの「原因」には当たるかもしれません。オオカミが来たと繰り返し嘘をついておらず、言葉を信用してもらっていれば、少年はオオカミに食べられずに済んだかもしれませんからね。ただ、それらのことは、直接的に「羊飼いの少年がオオカミに食べられてしまったこと」を生み出してはいないんですね。図で表すと、「結果」に至る流れは次のような感じでしょう。

（原因）オオカミが来たと繰り返し嘘をついていた

↓

（原因）誰も少年の言葉を信用してくれなかった

←
（理由）誰も少年を助けに来てくれなかった
←
（結果）羊飼いの少年はオオカミに食べられてしまった

「羊飼いの少年はオオカミに食べられてしまった」という「結果」を直接的に生み出しているのは、あくまで「誰も少年を助けに来てくれなかった」ことです。「オオカミが来たと繰り返し嘘をついていた」ことや「誰も少年の言葉を信用してくれなかった」ことは、「原因」ではありますが、それ自体を「理由」とは呼べないんですね。**理由を問われる問題では、「結果」から遠く離れたことがらを答えてはダメなのです。**

では、結論です。国語の記述問題で「理由」を問われた場合には、

「理由」＝「結果」を直接的に生み出すもの

と考える必要があるということです。**理由問題を解くときには、自分が「理由」だと思っている内容が、本当に「結果」を直接的に生み出しているかどうかを確認しましょう。**

技術36 「目的」や「意味内容」も「理由」になる

実は、「理由問題」には、因果関係によらないものがあります。これは、そんな「因果関係によらない理由問題」に対応するための大切な技術です。どういうことか、見てみましょう。

【例1】**竹の中に小さな可愛らしい女の子が座っていたので、**おじいさんは驚いた。

【例2】**次の十五夜に月から迎えが来れば、おじいさんとおばあさんと別れなければならないので、**かぐや姫は悲しんでいた。

「例1」と「例2」では、傍線部それぞれが、「おじいさんは驚いた」「かぐや姫は悲しんでいた」という「結果」に対する「理由」になっていて、その間には因果関係が成り立っていますね。このように、**多くの場合、「理由」と「結果」の間には因果関係が成り立っています。**普通、「理由問題」といえばこちらのタイプです。

しかし、「理由問題」には因果関係によらない「例外」もあります。「例外」ではありますが、「目的」と「意味内容」が「理由」になる場合には注意が必要です。それぞれ見ていきましょう。

①「目的」が「理由」になる場合

目的（〜するために）

【例3】栗、蜂、牛のふん、臼と子蟹たちは、親蟹のかたきを討つために、猿の家に向かった。

目的（〜しないために）

【例4】子蟹たち一行は、猿に見つからないように、それぞれの持ち場に隠れた。

傍線部分は、因果関係によって「結果」と結びついているわけではないことがわかりますか。このように、**「目的（〜するために／〜しないために）」も「理由」になることがあります。**理由問題で「理由」を本文に探すとき、「目的」が理由になっている可能性も意識してみてください。

②「意味内容」が「理由」になる場合

【例題】もともと力の強い桃太郎だ。その桃太郎がきびだんごを食べればさらに力が出て、鬼たちを一網打尽《いちもうだじん》にできるのは間違いない。桃太郎にきびだんごがあれば、まさに「鬼に金棒」といえるだろう。

【問】傍線部「桃太郎にきびだんごがあれば、まさに『鬼に金棒』といえるだろう」とありますが、**なぜ**桃太郎にきびだんごがあれば「鬼に金棒」**と言えるのか**、説明しなさい。

【解説】答えは〈もともと力の強い桃太郎がきびだんごを食べれば、さらに力が出るから。〉といったところでしょう。もちろん「鬼に金棒」とは、「それを手に入れることによって、強いものがますます強くなること」のたとえです。

ただ、ここで着目してほしいのは、この問いは因果関係を問うているのではなく、**本文中での「鬼に金棒」という言葉の「意味内容」を求めているにすぎない**ということです。――わかりますか。この問いは、「きびだんごを食べたから、桃太郎は強くなった」というような、因果関係の説明を求めているわけではありませんよね。

このように、**「なぜ○○と言えるのか」というタイプの理由問題は、本文中での○○という言葉の「意味内容」を答える問題なのですね。**「なぜ」と問われていますが、因果関係ではなく、

鬼に金棒＝それを手に入れることによって、強いものがますます強くなること

という、本文中での「鬼に金棒」の「意味内容」を聞かれているわけです。別の言い方をすれば、**「なぜ○○と言えるのか」という理由問題では、○○の部分をわかりやすく言いかえて説明することが求められている**んですね。要するに、一種の「言いかえ問題」とも言えるでしょう。

これは次のような比較をしてみると、よくわかるかもしれません。

【問A】**なぜ**彼は「オオカミ少年」**なのか**

↓【答A】この問いは、**なぜ**「彼は嘘ばかりついている」**のか**、という意味なので、「自分に自信がないから」「誰かにかまってほしいから」など、**因果関係に基づいた答え**になりますね。一般的な理由問題はこのタイプです。

【問B】**なぜ**彼は「オオカミ少年」**と言えるのか**

↓【答B】「嘘ばかりついているから」など、彼がどういう意味で「オオカミ少年」なのかを答えますね。つまり、
　　この文中での「オオカミ少年」という言葉の意味内容を答えるわけです。

「なぜ○○と言えるのか」という問いは、○○の「意味内容」を答える問題です。ちなみに、「なぜ○○と呼べるのか」「なぜ○○と考えられるのか」なども同じタイプの問題です。「なぜ○○と言えるのか」「○○と考えられるのはなぜか」などと問われたら、「あ、これは意味内容を答えるやつだな」と、ピンと来てください。案外盲点ですので、注意しましょう。

技術37　「違い」や「変化」は「対比」で書く

「AとBの**違い**を説明しなさい」という問題や「AとBの気持ちの**変化**を説明しなさい」という問題をよく見かけますね。この技術は、そんな「違い」や「変化」を問う問題で威力を発揮する技術です。

これは端的に、

「違い」や「変化」は「対比」で書く

と覚えてしまいましょう。標語っぽくて覚えやすいです。

たとえば、「違い」を説明する場合には、次のように、違いのある要素を「対比」させて書きます。

【例1】カメは**のろま**だが、**あきらめずに努力した**。それに対して、ウサギは**足が速い**が、**油断して怠けていた**。

カメ……のろま／あきらめずに努力した
⇔　⇔　⇔
ウサギ…足が速い／油断して怠けていた

説明する違いをはっきりと「対比」させることで、カメとウサギの「足の速さ」と「性格」の違いがわかりやすく伝わりますね。このとき、対比させる要素の順番も、それぞれ「足の速さ」↓「性格」の順にそろえてあることに気がつきますか。このように、わかりやすい解答にするには、**対比させる要素の順番もそろえることが大切**ですね。

＊　＊　＊　＊

要素を「対比」させて書くのは、「変化」を説明する場合も同様です。次の例を見てみてください。

【例2】玉手箱から出てきたけむりを浴びて老人になってしまった浦島太郎は、**生きることに絶望**したが、もう一度竜宮城に行くことができれば若さを取り戻せるかもしれないという可能性に気づき、**生きる希望**を見出した。

ここでは、

［変化前］生きることに**絶望**

↓

［変化後］生きる**希望**

という「変化」が、わかりやすく「対比」されていますね。このように、「変化」も「対比」で書きます。

ところで、この「対比」という考え方は、ちょっとした応用が利きます。

たとえば、［変化**後**気持ち］がわかっている場合、［変化**前**の気持ち］はその反対のような気持ちだな、と推測できるというわけです。具体的には、次のような感じです。

［変化**前**の気持ち］　？

⇔

［変化**後**の気持ち］　失望

［変化**後**の気持ち］はわかっていますが、［変化**前**の気持ち］はまだわかっていない状態だと考えてください。さて、このとき、［変化**前**の気持ち］はどんな気持ちだと思いますか。「対比」を意識して推測してみてください。

――わかりましたか。そうです。［変化**前**の気持ち］は、**「失望」の反対のような気持ち**でしょうね。恐らく、「期待」や「楽しみにしていた」といった気持ちではないかと推測できますね。そしてその推測をもとに、本文からそのような気持ちを探していく――「対比」を活かすと、こんな解き方もできます。

「違い」や「変化」は「対比」で書く

これはさまざまに使える技術ですので、ぜひ使いこなせるようにしてみてください。

技術38　なるべく多くの「気持ち」を入れる

これは専《もっぱ》ら「気持ち問題」で活用したい技術です。「気持ち問題」の得点の安定には欠かせません。

【例題】鬼退治を終えてからの桃太郎は、毎日ぼんやりしているばかりで、何もやる気が起きません。そんな桃太郎を見かねた犬、猿、キジたちは、

「桃太郎さん、世界にはもっとたくさんの悪いやつがいるらしいですよ。また私たちと退治しにいきましょう」と声をかけました。桃太郎はそれを聞いて、

「ぼくはだめだなあ。しっかりしなくちゃ。ようし！　世界中の悪いやつをやっつけにいこう」と自分に言い聞かせるのでした。

【問】傍線部「自分に言い聞かせるのでした」とありますが、このときの桃太郎の気持ちを説明しなさい。

【解説】まずは桃太郎の言動から「気持ち」を読み取ってみましょう。

ぼくはだめだなあ。しっかりしなくちゃ↓〈自己嫌悪、反省〉

ようし！　世界中の悪いやつをやっつけにいこう→〈決意〉

といったところでしょうか。いくつもの「気持ち」を読み取ることができますね。

このように、「～の気持ちを説明しなさい」という「気持ち問題」では、「気持ち」は一つとは限りません。もちろん、一つの場合もありますが、同時に複数の「気持ち」があれば、当然、複数の「気持ち」を説明しなければなりません。

したがって、「気持ち問題」では、

なるべく多くの「気持ち」を入れる

という意識で書くことが大切です。【技術32　解答の要素は多めに入れる】でもやりましたが、**記述問題の採点は基本的に「加点方式（得点要素が書いてあれば得点がつく採点法）」なので、多めに気持ち言葉を入れることで得点につながりやすくなるというメリットもあります。**もちろん、入れすぎておかしい文章になってはいけませんが……。

今回の場合、読み取れる気持ちをなるべく多く入れた、次のような解答が考えられるのではないでしょうか（「気持ち問題」ですから、「理由＋気持ち」で解答を書きます）。

【解答例】　鬼退治を終えてから毎日ぼんやりとしてやる気の出ないことに**自己嫌悪**を覚え、そんな自分を**反省**するとともに、世界中の悪者を退治しようと**決意**している。

技術39　「気持ち」は「自分に対する気持ち」と「相手に対する気持ち」の両方を考える

また、複数の「気持ち」を読み取る際の技術の一つとして、

「自分に対する気持ち」と「相手に対する気持ち」の両方を考える

ことも覚えておくとよいでしょう。実際、これはかなり使える技です。

【例題】怪談「耳なし芳一」で、住職は芳一《ほういち》の全身に般若心経の経文を書いたつもりだったが、耳だけには書き忘れてしまった。そのため、芳一の耳は怨霊《おんりょう》にちぎられてしまったのだった。そのことを知った住職は、芳一の耳がなくなってしまったのは自分のせいだと考え、芳一に自らの非を詫《わ》びた。

【問】傍線部「芳一の耳が～非を詫《わ》びた」とありますが、このときの住職の気持ちを説明しなさい。

【解説】**「自分に対する気持ち」と「相手に対する気持ち」の両方を意識しながら、**住職の言動からその気持ちを読み取ってみましょう。

自分のせいだと考え↓〈罪悪感〉、〈自責の念〉

自らの非を詫びた↓〈申し訳ない〉

本文から、**〈罪悪感〉〈自責の念〉といった「自分に対する気持ち」と、〈申し訳ない〉という「相手に対する気持ち」**の両方があることがわかりますね。「気持ち問題」なので「理由＋気持ち」で解答を書くと、次のようになるでしょう。

【解答例】　芳一の耳がなくなったのは自分が般若心経を耳に書き忘れてしまったせいだという罪悪感を覚え、また、芳一に対して申し訳なく思っている。

考えてみると、「気持ち」というのは、大きく分けて、「自分に対する気持ち」と「相手に対する気持ち」の二つの方向があるんですね。これはあらゆる「気持ち」に当てはまります。嬉しい、楽しい、悲しい、切ない、などといった「自分に対する気持ち」がある一方で、感謝、尊敬、うらやましい、腹立たしいなどの「相手に対する気持ち」もあるわけです。このように、**「気持ち」を読み取る際には、「自分に対する気持ち」と「相手に対する気持ち」の両方を考える**ことを意識しておくだけで、随分と読み取りが楽になりますね。

技術40　自分の書いた解答を見直してみる

さて、いよいよ最後の技術となりました。最後の技術は、

自分の書いた解答を見直してみる

というものです。いたって当たり前の内容ですね。「なあんだ、そんなことか」と拍子抜けするかもしれません。でも、この当たり前に思えることを、ほとんどの人がしていないのではないでしょうか。

自分の書いた解答を見直すと、とてもいいことがありますよ。たとえば、次のような間違えやすいポイントの間違いを見つけ、修正することができるでしょう。

▼主語・述語・目的語のわかりやすい文になっているか
▼「てにをは」は正しいか
▼誤字・脱字がないか
▼同じ言葉の繰り返しがないか（「ので」「から」「だが」「して」などが代表例）
▼話し言葉になっていないか（文頭の「なので」や「やっぱり」「じゃない」「すごく」「ちゃんと」など）
▼「ら抜き言葉」になっていないか
（「見れる」「食べれる」「来れる」などは誤り。正しくは「見られる」「食べられる」「来られる」）

▼助動詞の「ない」を「なく」と活用させて読点（、）を打つと不自然。「〜ず、」「〜おらず、」「〜なくて、」とする
（たとえば「やっていなく、」は不自然。「やらず、」「やっておらず、」「やっていなくて、」とする）

▼文末表現が正しいか

……などなど。こういうところで確実に一点、二点、三点と違ってきます。実際の入試では、同じ得点に複数の受験生がいます。一点に数十人いることもあります。二点、三点と、こうしたところで得点を落とさないようにすることは、これ、とても大きいですよね。しかも、解答を見直すだけですから、簡単にできます。ほんの数秒です。一番手っ取り早く、一点、二点を拾える方法です。

「家に帰るまでが遠足です」

なんて言葉を聞いたことがありませんか。遠足が終わったと思うと、気が抜けて、事故にあうかもしれません。だから、学校で解散をしたあとも、家に着くまでは油断しないように、という戒《いまし》めとして、遠足の解散時に先生がよく言う言葉です。これにならって、記述問題でも似たようなことが言えると思います。

解答の見直しまでが記述問題です

記述解答は書いて終わりではありません。見直しをして、正しいかどうかを確認するまでが記述問題だと考えましょう。試験終了の合図まで——最後の最後まで油断せずに、一点でも多く取れるように、自分の書いた解答を読み直してみましょう。そこで拾った一点が、最後の最後に救ってくれるかもしれませんから。

第三章　記述問題の四つのパターン

中学受験国語の記述問題には、大きく分けて次の四つのパターンがあります。

1　言いかえ問題…傍線部の言葉を別の言葉でわかりやすく説明する問題
2　理由問題………ものごとの因果関係を説明する問題
3　まとめ問題……ものごとの違いや共通点、またはその内容をまとめる問題
4　気持ち問題……人物の気持ちやその変化を説明する問題

記述問題を解くときに、その問題がこれらのどのパターンの問題なのかを見分けられるかどうか、そしてそのパターンに見合った解答を作れるかどうかが記述問題の成否を大きく左右します。なぜかといえば、その問題が何を求めているかがわからなければ、せっかく解答を書いても得点にならないということが起こりかねないからです。中学受験国語の記述問題では、それぞれのパターンごとに求められている解答が違うのですね。ですから、記述問題を解くときには、次のことをいつも意識しておきましょう。

どの記述パターンかを見分ける
↓
それぞれの記述パターンの書き方に沿って、わかりやすい解答を書く

この流れは、どの記述問題でも一貫しています。まずは、記述パターンを見分けること。そして、それぞれの記述パターンごとの書き方を身につけること。これが大切です。

ではこれから、パターン別の書き方を見ていくことにしましょう。

記述パターン1　言いかえ問題

《言いかえ問題》の解き方の手順

手順❶　傍線部をいくつかの部分に分ける。

手順❷　それぞれの部分を、別のわかりやすい言葉で言いかえる。

手順❸　❷でできた文を「わかりやすい解答」に整える。

《言いかえ問題》というのは、傍線部について、「〜とはどういうことかを説明しなさい」というタイプの問題です。「例題」でその解き方の手順を確認してみましょう。

【例題A】いじわるな継母《ままはは》と二人の姉にいじめられ、粗末な服ばかり着ていたシンデレラだったが、王子様との結婚式では、まばゆいばかりのドレス姿でみんなの前に現れた。その姿を目にした継母と二人の姉は、これが「あのシンデレラ」の姿かと目を見張り、地団太《じだんだ》を踏《ふ》んだのだった。

【問】傍線部はどういうことか説明しなさい。

まず、《言いかえ問題》とは、「傍線部をわかりやすい別の言葉で言いかえる問題」だと理解してください。つまり、傍線部のままだとよく意味がわからないので、わかりやすい別の言葉で説明してあげればいいんですね。

では早速、解き方の手順通りに「例題A」を解いてみましょう。

▼手順❶　傍線部をいくつかの部分に分ける。

傍線部「これが『あのシンデレラ』の姿かと目を見張り、地団太《じだんだ》を踏《ふ》んだのだった」をいくつかの部分に分けます。

ちなみにこれは、**傍線部のルール❷　傍線部はいくつかの部分に分けて考える**と同じですね。すると、次のように分けられるでしょう。

これが／「あのシンデレラ」の姿かと／目を見張り、／地団太を踏んだのだった

▼手順❷　それぞれの部分を、別のわかりやすい言葉で言いかえる。

「これが」「『あのシンデレラ』の姿かと」「目を見張り」「地団太を踏んだのだった」について、それぞれどういうことなのかを別のわかりやすい言葉で説明します。**本文の言葉を使えるものはなるべく本文の言葉を使いましょう**（**【技術23　本文主義／なるべく本文の言葉を使って書く】**）。たとえば、次のように考えて言いかえていきます。

（1）「これが」……「これ」という指示語は、本文の、「まばゆいばかりのドレス姿でみんなの前に現れた。その姿」

というシンデレラの姿を表していますね。したがって、なるべく本文の言葉を使って言いかえ

ると、「これ」＝〈まばゆいばかりのドレス姿でみんなの前に現れたシンデレラの姿〉となります。

（2）「『あのシンデレラ』の姿かと」……ここでの「あのシンデレラ」とは、本文にある「いじわるな継母と二人の姉にいじめられ、粗末な服ばかり着ていたシンデレラ」のことですね。ただし、この問いでは継母と二人の姉の視点から書かねばなりませんから、「いじわるな継母と二人の姉」は「自分たち」などと言いかえましょう。よって、「あのシンデレラ」＝〈自分たちにいじめられ、粗末な服ばかり着ていたシンデレラ〉と言いかえられますね。

（3）「目を見張り」……「目を見張る」とは「大きく目を開いて、驚き、感心する様子」を表す慣用句です。継母と二人の姉がシンデレラの美しい姿に驚いたということですね。**解答のルール②指示語・比喩・わかりにくい表現は具体化して言いかえる**にもある通り、このような表現は言いかえて解答します。ここでは、「目を見張り」＝〈驚き〉と言いかえます。

（4）「地団太を踏んだのだった」……「地団太を踏む」も慣用句で、「悔しがったり怒ったりして、激しく地面を踏みつけること」を表します。ただ、ここでは怒りというよりは悔しさでしょう。よって、「地団太を踏んだのだった」＝〈悔しがって、激しく地面を踏みつけたのだった〉と言いかえます。

さて、これら（1）～（4）をふまえて傍線部を言いかえてみると、次のようになります。

これが／「あのシンデレラ」の姿かと／目を見張り、／地団太を踏んだのだった

↓

まばゆいばかりのドレス姿でみんなの前に現れたシンデレラの姿が／自分たちにいじめられ、粗末な服ばかり着ていたシンデレラの姿かと／驚き、／悔しがって、激しく地面を踏みつけたのだった

▼手順❸　❷でできた文を「わかりやすい解答」に整える。

解答のルール①　主語・述語・目的語のわかりやすい文にする にも気をつけて、「わかりやすい解答」に整えます。今回は主語がないので、「継母と二人の姉は」という主語を入れましょう。また、設問に「どういうことか説明しなさい」とあるので、文末表現を「〜こと」にするのも忘れずに。**（解答のルール④　文末表現に注意する）**

【解答例】　まばゆいばかりのドレス姿でみんなの前に現れたシンデレラの姿を見て、これが自分たちにいじめられ、粗末な服ばかり着ていたシンデレラの姿かと、継母と二人の姉は驚き、悔しがって、激しく地面を踏みつけたということ。

＊　＊　＊　＊

《言いかえ問題》には、単に指示語の内容を言いかえる問題もあります。

【例題B】浦島太郎が人間の世界に帰った後、乙姫《おとひめ》さまは一人、自分の部屋に座って物思いにふけっていました。
「浦島さん、あなたが帰ってから、竜宮城はがらんとしてしまいました。でも……すぐになれると思います。……いつまでもお元気で、浦島さん」
<u>そんなこと</u>を心につぶやきながら、乙姫さまは一抹《いちまつ》のさみしさとともに、浦島太郎のいない新たな生活の始まりを

静かに感じていたのでした。

【問】傍線部「そんなこと」はどういうことか、60字以内で説明しなさい。

「そんなこと」という指示語を言いかえる場合には、傍線部をスラッシュで区切る必要はありませんね。なお、指示語の内容は次の手順で考えると正確に読み取ることができます。

▼❶指示語を含む一文から、指示語の内容を推測する

指示語そのものだけを見ていても、指示語の指す内容は見えてきません。指示語を考える場合、指示語を含む一文から指示語の内容を推測することが有効です。**傍線部のルール❶傍線部を含む一文は丁寧に読む**は、指示語問題で特に意識したい技術ですね。今回の場合、本文に、

そんなことを心につぶやきながら……

とありますから、**指示語「そんなこと」＝「乙姫さまが心につぶやいたこと」だと推測できる**わけです。

▼❷指示語の「前」から探す

では、「乙姫さまが心につぶやいたこと」とはどんなことでしょう。これを**指示語よりも「前」に書かれている内容から探していきます**（まれに指示語よりも「後」に書かれている内容を指す場合もありますが、基本的には「前」

から探しましょう）。――すると、「乙姫さまが心につぶやいたこと」とは、

「浦島さん、あなたが帰ってから、竜宮城はがらんとしてしまいました。でも……すぐになれると思います。……いつまでもお元気で、浦島さん」

という内容だとわかりますね。

もちろん、セリフそのものを解答とすることはできませんので、**解答のルール③ 具体例は抽象化して言いかえる**に従って抽象化しましょう。〈浦島太郎が帰ってしまってさみしいが、すぐになれると思うし、浦島太郎にはいつまでも元気でいてほしいということ（53字）〉というぐらいに言いかえられるでしょうか。

▼❸ 指示語に当てはめて確認する

指示語内容を見つけて安心してはいけませんよ。最後に、自分の見つけた指示語内容が本当に正しいかどうかを確かめましょう。**自分が見つけた指示語の内容を、指示語自体に当てはめて、頭の中で読んでみるのです。**正しく意味が通ればそれが正解だとわかります。こんな感じですね。

【本文】そんなことを心につぶやきながら…

↓

【当てはめた文】浦島太郎が帰ってしまってさみしいが、すぐになれると思うし、浦島太郎にはいつまでも元気でいてほしいということを心につぶやきながら……

どうですか。よさそうですね。

このとき、何か文章がおかしいなと感じたら、それは間違いである可能性が高いので、もう一度指示語内容が正しいかどうかを考えてみましょう。案外、この最後の確認作業をおこたって、間違いに気づかない人が多いです。ぜひ当てはめ確認までやる習慣をつけてください。

指示語の読み取りの手順

❶指示語を含む一文から、指示語の内容を推測する

❷指示語の「前」から探す

❸指示語に当てはめて確認する

指示語の言いかえ問題はいつも、右の「指示語の読み取りの手順」に従って行う癖《くせ》をつけましょう。

【解答例】　浦島太郎が帰ってしまってさみしいが、すぐになれると思うし、浦島太郎にはいつまでも元気でいてほしいということ。（54字）

記述パターン2　理由問題

《理由問題》の解き方の手順

手順❶「〇〇はなぜか」「〇〇の理由を説明しなさい」の〇〇を「結果」とする。
（※傍線部が「結果」になっていることが多い）

手順❷「結果」に対する「原因・理由」を本文中から読み取る。
（※原則として、物語文・随筆では「気持ち」も入れる）

手順❸「原因・理由＋結果」の文を作り、「原因・理由」と「結果」の因果関係が正しいかどうかを確かめる。

手順❹「原因・理由」の部分を「わかりやすい解答」に整える。（文末は「〜から」）

《理由問題》とは、「〜はなぜか」「〜の理由を説明しなさい」というタイプの問題ですね。早速、次の例題を見てみましょう。

【例題A】故郷の両親が恋しくなって竜宮城から戻ってきた浦島太郎。しかし、帰ってきた世界に自分の家はなく、両親の姿もどこにも見当たりません。竜宮城での三年は、人間の世界での三百年だったのです。

「ああ、なんということだ」

浦島太郎は目の前が真っ暗になりました。そのとき、ふと、竜宮城の乙姫《おとひめ》さまにもらった玉手箱に気づきました。

「そうだ。この玉手箱を開けてみれば何かがわかるかもしれない」

玉手箱を開けてはいけないと乙姫さまに言われたことも忘れ、浦島太郎はわらにもすがる思いで、玉手箱のふたを開けました。すると、むらさき色の煙が中から立ちのぼり、太郎はたちまち白髪の老人になってしまいました。

「なるほど。乙姫さまが、人間のいちばん大事な宝を入れておくといったあれは、人間の寿命のことだったんだな」

春の空は遠くかすみ、海はのどかに波打っていました。太郎はぼんやりと昔のことを思い出していました。

【問】傍線部「玉手箱のふたを開けました」とありますが、浦島太郎が玉手箱のふたを開けたのはなぜですか。40字以内で説明しなさい。

《理由問題》というのは、少し難しい言葉を使うと、ものごとの「因果関係」を説明しなさいという問題です。「因果関係」とは「原**因**と結**果**」の関係のことですね。たとえば「食べすぎたから（原因・理由）、お腹が痛い（結果）」というのがそれ。「なぜお腹が痛い（結果）のか?」と問われたら、「食べすぎたから（原因・理由）」と答えればいいわけです。

このように、《理由問題》というのは、ものごとの因果関係を説明すればいい——つまり、**「結果」に対する「原因・理由」の部分を説明すればいいのですね。**

では、解き方の手順に従って、「例題A」を考えてみましょう。

▼手順❶「〇〇はなぜか」「〇〇の理由を説明しなさい」の〇〇を「結果」とする。
（※傍線部が「結果」になっていることが多い）

《理由問題》とは、「結果」に対する「原因・理由」を説明する問題ですから、当然、何が「結果」に当たるのかがわからなければなりません。それをまずは確認しましょうというのが手順❶です。「結果」をとらえ間違えると、それに対する「原因・結果」もズレてしまいますからね。

では、理由問題における「結果」とは何でしょう。——簡単に言うと、**「〇〇はなぜか」「〇〇の理由を説明しなさい」という問いにおける〇〇の部分のこと**です。この「例題A」では、傍線部の〈玉手箱のふたを開けました〉が「結果」に当たりますね。このように、**多くの場合、傍線部が「結果」になっています。**

▼手順❷「結果」に対する「原因・理由」を本文中から読み取る。
（※原則として、物語文・随筆では「気持ち」も入れる）

では、〈玉手箱のふたを開けました（結果）〉に対する「原因・理由」は何でしょうか。

傍線部のルール❶　傍線部を含む一文を丁寧に読むより、本文に、

……浦島太郎はわらにもすがる思いで、玉手箱のふたを開けました。

とありますから、浦島太郎が玉手箱を開けたのは、ひとまずは〈わらにもすがる思いを抱いたから〉と考えられそうですね。

ただし、「わらにもすがる思い」とは、「せっぱつまったときには頼りにならないものでも頼りにすること」の比喩表現です。したがって、**解答のルール② 指示語・比喩・わかりにくい表現は具体的に言いかえる** より、この比喩表現を言いかえなければなりません。ここでの「わらにもすがる思い」とは、

「そうだ。この玉手箱を開けてみれば何かがわかるかもしれない」

という思いのことでしょう。よって、「わらにもすがる思い」＝〈玉手箱を開けてみれば何かがわかるかもしれないという思い〉と言いかえられそうです。

このように考えていくと、「結果」に対する「原因・理由」は、次のように言いかえた形で表すことができますね。

〈**わらにもすがる思い**を抱いたから〉

←

〈**玉手箱を開けてみれば何かがわかるかもしれないという思い**を抱いたから〉

▼手順❸「原因・理由＋結果」の文を作り、「原因・理由」と「結果」の因果関係が正しいかどうかを確かめる。

「原因・理由」だと思った部分が本当に正しいのかどうか。これを確かめるためには、「原因・理由＋結果」の文を作ってみるのが非常に有効です。

手順❶で確認した〈玉手箱のふたを開けました（結果）〉と、手順❷で見つけた〈玉手箱を開けてみれば何かがわかるかもしれないという思いを抱いたから（原因・理由）〉をつないで一文にし、因果関係が正しいかどうかを確かめてみるのです（もちろん、紙に書き出す必要はありません。頭の中で一文にして読んでみるだけです）。次のような感じです。

〈玉手箱を開けてみれば何かがわかるかもしれないという思いを抱いたから（原因・理由）、玉手箱のふたを開けました（結果）。〉

――どうですか。因果関係は正しいことがわかりますね。

▼手順❹ 「原因・理由」の部分を「わかりやすい解答」に整える。（文末は「〜から」）

最後に、「原因・理由」の部分をもとに「わかりやすい解答」を作ります。理由問題では、文末を「〜から」にすることにも気をつけてください。（解答のルール④ 文末表現に注意する）

【解答例】 玉手箱を開けてみれば何かがわかるかもしれないという思いを抱いたから。（34字）

＊　＊　＊　＊

では、もう一題。今度は物語文での《理由問題》を考えてみましょう。というのも、《理由問題》では、もう一つ知っておいてほしいことがあるからです。それは、

※物語文・随筆の理由問題では、原則として、解答に「気持ち」も入れる

ということです。

物語文や随筆は基本的に、登場人物や筆者の「気持ち」とその変化が中心になっています。したがって、問題の作成者も、受験生がその部分を読み取れているかを見たいわけですし、当然、そこを問うてくるわけですね。ですから、物語文や随筆では、解答の中に「気持ち」を入れると解答として伝わりやすいものになることが多いのです。

では、このあたりのことを次の例題で見てみましょう。

【例題B】大の仲良しになった桃太郎が鬼ヶ島を去ることになった日の前の晩、「ぼくだけの力で君に勝たないと、桃太郎が安心して帰れないんだ！」と言って何度もいじめっ子の青鬼オニ丸にくらいつき、ついにオニ丸に喧嘩で勝った赤鬼のオニ太。自分一人の力でいじめっ子の青鬼オニ丸に勝つことができた、そんなオニ太のがんばる姿を見て、桃太郎は静かに涙を流したのだった。

【問】傍線部「涙を流したのだった」とありますが、なぜ桃太郎は涙を流したのですか。その理由を50字以内で説明

しなさい。

▼手順❶ 「〇〇はなぜか」「〇〇の理由を説明しなさい」の〇〇を「結果」とする。（※傍線部が「結果」になっていることが多い）

まずは「結果」を確認しましょう。「**なぜ**桃太郎は涙を流した**のですか**」と問われているので、〈桃太郎は涙を流した〉が「結果」ですね。

▼手順❷ 「結果」に対する「原因・理由」を本文中から読み取る。（※原則として、物語文・随筆では「気持ち」も入れる）

傍線部のルール❶ 傍線部を含む一文は丁寧に読む をふまえて傍線部を含む一文を読むと、「自分一人の力でいじめっ子の青鬼オニ丸に勝つことができた、そんなオニ太のがんばる姿を見て」とありますね。ここが「原因・結果」の根拠と考えられそうです。よって、ここをもとにすると、「原因・理由」は〈自分一人の力でいじめっ子の青鬼オニ丸に勝つことができたオニ太のがんばる姿を見たから〉と表すことができます。

……**が、ここで考えてほしいことがあるんです。**それは何かというと、――桃太郎が涙を流したのはなぜかという問いに対して、いま考えた、

〈自分一人の力でいじめっ子の青鬼オニ丸に勝つことができたオニ太のがんばる姿を見たから。（42字）〉

という答えは、このままで本当にふさわしい解答といえるのか、ということです。

どうですか。これをこのまま解答にしてもいいと思いますか。

――と、ここまでしつこく訊《き》くのですから、勘のいいみなさんであれば、「あ、きっとこれではダメなんだろうな」と思うでしょう。――その通り。このままの解答では「不正解」ではないにしても、もう一歩というところです。10点中7点くらいでしょうか。

では、なぜこのままではダメなのでしょうか。10点中7点の、残りの3点分とはいったい何なのでしょう。――手順は前後しますが、手順❸と並行しながら、この問題を考えてみたいと思います。

▼手順❸「原因・理由＋結果」の文を作り、「原因・理由」と「結果」の因果関係が正しいかどうかを確かめる。

もし先ほどの答えが正しいとしたら、「原因・理由＋結果」の文を作ってみたときに、因果関係が正しく通るはずですね。――では、確認してみましょう。

〈自分一人の力でいじめっ子の青鬼オニ丸に勝つことができたオニ太のがんばる姿を見たから（原因・理由）、桃太郎は涙を流した（結果）。〉

……どうですか。この文、何となく違和感を覚えませんか。

オニ太のがんばる姿を見ただけで、どうして涙が出るの？

と思いませんか。なぜって、少しいじわるに言えば、がんばる姿を見ても涙が出ないことだってありますよね。つまり、先ほどの違和感はどこから来るのかというと、

オニ太のがんばる姿を見た↓涙が出た

という因果関係が、いまひとつつながっていないように思えるからなんですね。

涙を流す場合というのはさまざまですが、ここでの桃太郎の涙は「うれし涙」ですよね。つまり、桃太郎が涙を流したのは、オニ太のがんばる姿を見て、「うれしかったから」でしょう。先ほどの図式でいえば、

オニ太のがんばる姿を見た↓**うれしかった**《「気持ち」を表す言葉》↓涙が出た

という流れがあるはずなんですよね。――そうです。桃太郎が涙を流した直接の理由は、「うれしかったから」なんです。**涙を流した直接の理由である「うれしかった」という「気持ち」が答えに入っていないから、違和感があったのです。**10点中7点の残りの3点は、ここだったんですね。――ですから、桃太郎が涙を流したのはなぜかという問いに対しての答えは、「気持ち」を表す言葉を入れて、次のようにするべきです。

〈自分一人の力でいじめっ子の青鬼オニ丸に勝つことができたオニ太のがんばる姿を見て、**うれしかった**《「気持ち」を表す言葉》から。

（49字）〉

※物語文・随筆の理由問題では、原則として、解答に「気持ち」も入れる

と、この例題を始める前に書きましたが、それはこういうことなのですね。

では、改めて「原因・理由＋結果」の文をつくって、因果関係が不自然ではないかを確かめてみましょう。

〈自分一人の力でいじめっ子の青鬼オニ丸に勝つことができたオニ太のがんばる姿を見て、**うれしかった**（「気持ち」を表す言葉）から（原因・理由）、桃太郎は涙を流した（結果）。〉

どうですか。こちらの方が断然いいですよね。因果関係がはっきりしています。

▼手順❹「原因・理由」の部分を「わかりやすい解答」に整える。（文末は「〜から」）

さきほど考えた答えは十分に「わかりやすい解答」になっていますので、今回はそれをそのまま解答としてよいでしょう。

【解答例】　自分一人の力でいじめっ子の青鬼オニ丸に勝つことができたオニ太のがんばる姿を見て、うれしかったから。（49字）

＊　＊　＊　＊

（注）理由問題の解答に「気持ち」を入れない場合もある？

物語文・随筆の理由問題では、**原則として**、「気持ち」を表す言葉を入れます。ただし、例外もあります。主に次の二つの場合です。

①「原因・理由」に「気持ち」がまったく関係していない場合

これはわかりやすいと思います。簡単な例を挙げると、「なぜ眠いのですか」という問いに対して、「昨日、夜ふかしをしてしまったからです」というような場合ですね。眠い理由として、夜ふかしをしたというのは「事実」です。ここに「気持ち」は関係ありませんね。こういう場合には、理由問題の解答に「気持ち」を入れる必要はありません。

②「結果」の中に「気持ち」が含まれている場合（＝ある「気持ち」になった理由を問われている場合）

これはどういうことかというと、「なぜ**悲しくなった**のですか」と聞かれるような場合です。これは、**「悲しくなった」という「気持ち」がすでに「結果」の中にありますね。**別の言い方をすれば、「悲しい」という「気持ち」になった理由を問われているのですね。「結果」の中にすでに悲しいという「気持ち」があるわけですから、解答の中に別の「気持ち」を入れる必要はありません。

たとえば、

友達に悪口を言われたから（原因・理由）→悲しくなった（結果）

という場合、「友達に悪口を言われたから」という原因・理由の中に、さらに別の「気持ち」を入れなくても、すでに因果関係として成り立っていますよね。つまり、**「結果」の中に「気持ち」が含まれている場合（＝ある「気持ち」になった理由を問われている場合）には、解答の中に別の「気持ち」を入れる必要がないことが多い**、ということです。

結論。物語文・随筆の理由問題では、**原則として**、解答に「気持ち」を入れるという理解の仕方をしてください。ただし、①、②の場合のように、解答に「気持ち」を入れるのが無理な場合には、無理やり入れる必要はありません。

記述パターン3　まとめ問題

《まとめ問題》の解き方の手順

手順❶　説明すべき部分を本文中から見つける。
（具体例ではなく、具体例をまとめた部分から）

手順❷　❶で見つけた部分を「わかりやすい解答」としてまとめる。

《まとめ問題》は大きく次の三つのタイプに分けられます。

（1）共通点を説明する問題
（2）違いを説明する問題
（3）内容をまとめる問題

（1）「共通点を説明する問題」というのは、「AとBの共通点を説明しなさい」というタイプの問題で、AとBの共通点が書いてある部分を本文中から探して、それらをまとめます。

（2）「違いを説明する問題」というのは、「AとBの違いを説明しなさい」というタイプの問題で、AとBの違いが書いてある部分を本文中から探して、それらをまとめます。**違いを「対比」させて書くことがポイントです。**

（3）「内容をまとめる問題」は、「〇〇について説明しなさい」といったタイプの問題で、指定された内容についてまとめたり、筆者の考えをまとめたりなどさまざまです。たとえば「Aについての筆者の考えをまとめなさい」とあれば、Aについての筆者の考えが書かれているところを本文中から探し、それらをまとめます。

ちなみに、「共通点が書いてある部分」「違いが書いてある部分」、「筆者の考えが書かれているところ」など、**説明すべき部分は、具体例ではなく、具体例をまとめた部分から探すことがコツです。**

このあたりのことを次の例題でも確認してみましょう。

【例題A】姫を襲《おそ》った鬼を退治した一寸法師は、鬼が持っていた「打ち出の小槌《こづち》」を手に入れます。この「打ち出の小槌」は、振ると何でも欲しいものが出てくるという宝物です。一寸法師は、姫に「大きくなあれ」と小槌を振ってもらい、体を大きくしてもらって、めでたく姫と結婚します。もし打ち出の小槌があれば、何でも望みがかなうでしょう。しかし一方で、打ち出の小槌には危険性もあります。打ち出の小鎚を持っていたら、簡単に欲しいものが手に入るので、少し使っては捨て、また手に入れてと、もののありがたみがなくなってしまうでしょう。また、働いてお金を稼ぐ必要がなくなるので、家でゴロゴロするなど、怠《なま》けた人間になってしまう可能性も大です。さらには、何でも望みがかなうので、努力や苦労を馬鹿にする、傲慢《ごうまん》な人間になってしまうかもしれません。頑張らなくても打ち出の小槌が何でもかなえてくれる、というわけです。そう考えると、打ち出の小槌は危険な宝物といえるかもしれません。

【問】傍線部「打ち出の小槌には危険性もあります」とありますが、打ち出の小槌の危険性とはどのようなことですか。60字以内で説明しなさい。

▼手順❶ 説明すべき部分を本文中から見つける。（具体例ではなく、具体例をまとめた部分から）

「例題A」は《まとめ問題》のうち、「内容をまとめる問題」にあたります。**【技術25 解答の根拠をマークして、解答要素をそろえてから書く】**も使って、打ち出の小槌の危険性を見つけてみましょう。

しかし一方で、打ち出の小槌には危険性もあります。打ち出の小鎚を持っていたら、簡単に欲しいものが手に入るので、少し使っては捨て、また手に入れてと、もののありがたみがなくなってしまうでしょう。また、働いてお金を稼ぐ必要がなくなるので、家でゴロゴロするなど、怠けた人間になってしまう可能性も大です。さらには、何でも望みがかなうので、努力や苦労を馬鹿にする、傲慢《ごうまん》な人間になってしまうかもしれません。頑張らなくても打ち出の小槌が何でもかなえてくれる、というわけです。そう考えると、打ち出の小槌は危険な宝物といえるかもしれません。

右のように、**具体例ではなく、具体例をまとめた部分にマーク**すると、〈もののありがたみがなくなってしまう〉〈怠けた人間になってしまう可能性も大〉〈努力や苦労を馬鹿にする、傲慢な人間になってしまうかもしれません〉が見つかりますね。

▼手順❷　❶で見つけた部分を「わかりやすい解答」としてまとめる。

手順❶で見つけた三つの危険性をもとに「わかりやすい解答」を作りましょう。「どのようなことですか」と問われているので、文末は「〜こと」とします。（**解答のルール④　文末表現に注意する**）

【解答例】　もののありがたみがなくなり、怠けた人間になったり、努力や苦労を馬鹿にする、傲慢な人間になったりするかもしれないこと。（58字）

【例題B】　桃太郎は鬼ヶ島を去ることになった。だが、自分の手助けなしでも、赤鬼のオニ太が一人で宿題ができるだろうか、いじめっ子の青鬼オニ丸に意地悪されてもやり返せるだろうかと心配で、できれば去りたくないと思っていた。それを知った赤鬼のオニ太は、桃太郎が安心して鬼ヶ島を去れるように、わざと青鬼のオニ丸と喧嘩し、自分の力だけでオニ丸に勝つ姿を桃太郎に見せたのだった。

【問】　桃太郎が鬼ヶ島を去ることを知った後、赤鬼のオニ太はどのように変わろうと決意しましたか。「桃太郎が鬼ヶ島を去ると知る前は、〜が、知った後では、〜と決意した。」という形で説明しなさい。

▼手順❶　説明すべき部分を本文中から見つける。（具体例ではなく、具体例をまとめた部分から）

これは、桃太郎が鬼ヶ島を去ることを知る前と後での、赤鬼のオニ太の**変化**を説明する問題――つまり、「違いを説明する」タイプの《まとめ問題》です。

知る前のオニ太については本文に、「自分の手助けなしでも、赤鬼のオニ太が一人で宿題ができるだろうか、いじめっ子の青鬼オニ丸に意地悪されてもやり返せるだろうか」とあり、知った後では、「自分の力だけでオニ丸に勝つ」とありますから、これをもとにすると、次のような解答が考えられます。

〈桃太郎が鬼ヶ島を去ると知る前は、**桃太郎の手助けなしには一人で宿題ができず、青鬼のオニ丸に意地悪されてもやり返せなかった**が、知った後では、**自分の力だけでオニ丸に勝とう**と決意した。〉

▼手順❷　❶で見つけた部分を「わかりやすい解答」としてまとめる。

しかし、これでいいでしょうか。――解答として「間違い」ではありませんが、やはり望ましい解答とは言えません。

知る前と知った後の違いがいまいちわかりにくいのですね。

では、どういう解答が望ましいのでしょう。

このような**「違いを説明する問題」**では、**要素（＝解答に入れるべきことがら）を対比させること**がわかりやすい解答を書くコツです。**【技術37　「違い」や「変化」は「対比」で書く】**でもやりましたね。

ここではまず、**解答のルール③　具体例は抽象化して言いかえる**によって言いかえてみましょう。

［知る前］……「桃太郎の手助けなしには一人で宿題ができず、青鬼のオニ丸に意地悪されてもやり返せなかった」
↓**「桃太郎に頼ってばかりだった」「自立していなかった」**などと言いかえる

［知った後］…「自分の力だけでオニ丸に勝とう」↓**「桃太郎に頼らない人間になろう」「自立しよう」**などと言いかえる

右のように、知る前と知った後をはっきり「対比」させることが大切です。

「頼る」↑↓「頼らない」、「自立していない」↑↓「自立する」という対比関係ですね。

これをもとに解答を作ると、次のようになります。知る前と後が対比されたことにより、わかりやすい解答になっていますね。このように、**「違い」や「変化」を説明する場合には「対比」がとても有効です。**

【解答1】桃太郎が鬼ヶ島を去ると知る前は、**桃太郎に頼ってばかりだった**が、知った後では、**桃太郎に頼らない人間になろう**と決意した。

【解答2】桃太郎が鬼ヶ島を去ると知る前は、**自立していなかった**が、知った後では、**自立しよう**と決意した。

記述パターン４　気持ち問題

《気持ち問題》の解き方の手順

手順❶　言動・情景描写から「気持ち」を読み取る。（映像化してイメージする）

手順❷　その「気持ち」になった「理由」を本文中から読み取る。

手順❸　「理由＋気持ち（結果）」の文を作り、「理由」と「気持ち（結果）」の因果関係が正しいかどうかを確かめる。

手順❹　「理由＋気持ち」を「わかりやすい解答」に整える。

《気持ち問題》というのは、主に物語文で問われる「～はどのような気持ちですか」「～の心情を説明しなさい」といったタイプの問題です。ですから当然、本文から登場人物の「気持ち」を読み取らなければなりません。

「うれしい」とか「悲しい」とか「怒っている」とか「安心した」とか、そんなふうに「気持ち」が直接本文に書かれていることもありますが、多くの場合、登場人物の「気持ち」は直接表されておらず、解答者が文章から読み取れなければなりません。《気持ち問題》が苦手な人はここがどうも得意ではなさそうです。

では、「気持ち」とはどのように読み取ればいいのでしょう。――「気持ち」の読み取りのコツは、本文中の次の二つに注目して読み取ることです。

①言動…人物の様子（セリフ、行動、表情）から気持ちを読み取る。

（例・セリフ）…「お前らはいいよな」と王子は言い残して立ち去った。↓「うらやましい」「嫉妬」

（例・行動）王様はこぶしで机をたたき、大声で王妃《おうひ》を呼んだ。↓「怒り」

（例・表情）王子がそれを言うと、姫は急に目をそらした。↓「うしろめたい」「気まずい」

②情景描写…天気や風景の描写に人物の気持ちが表れていると考える。

（例）突然、雲行きが怪しくなってきた。↓「不安」「心配」

（例）王子は、行く手に大きな虹がかかるのを見た。↓「希望」

「気持ち」を読み取るときのコツは、言動や情景描写を頭の中で映像化して、「気持ち」をイメージすることです。

物語文の「気持ち」は「①言動」から読み取ることがほとんどですから、どういった「言動」からどういった「気持ち」が読み取れるのかは、ある程度訓練しておくのがよいでしょう。巻末付録「よく使う気持ちの言葉50」も参考にしてみてください。

また、《気持ち問題》で大切なのは、なぜその「気持ち」になったのかという「理由」も解答に入れることです。つまり、**《気持ち問題》の解答は「理由＋気持ち」で書かなければなりません。**「〜の気持ちを答えなさい」と問われていても、単に「気持ち」の部分だけを書けばいいというわけではないので、いつも気をつけてください。

ではこのあたりのことをまた例題でやってみましょう。

【例題A】のんきな王子は今日も部屋でだらだらしている。結局、最後は王様が助けてくれると思っているのだ。そこで、こうなったのは自分のせいだと感じた王様は、今度こそは何があっても助けないぞ、と心に誓うのであった。こうしてその日、王様は「いじわるな王様」になったのである。

【問】「『いじわるな王様』になった」とあるが、このときの王様の気持ちを説明しなさい。

▼手順❶　言動・情景描写から「気持ち」を読み取る。（映像化してイメージする）

まず《気持ち問題》では、「言動（セリフ、行動、表情）」や「情景描写」から「気持ち」を読み取ります。

本文に王様の言動（心の中のセリフ）として、「今度こそはなにがあっても助けないぞ、と心に誓うのであった」とありますから、このときの王様の様子を頭の中で映像化して、「気持ち」をイメージしましょう。すると、王様の「気持ち」は、〈今度こそは何があっても助けないという決意〉などになるかと思います。

▼手順❷　その「気持ち」になった「理由」を本文中から読み取る。

次に、なぜその「気持ち」になったのかの「理由」を考えます。この場合、王様はなぜそのような決意をしたかということですね。

本文に「**こう**なったのは自分のせいだと感じた」とありますが、「こうなった」とはどうなったのか、このままではわかりませんね。**解答のルール② 指示語・比喩・わかりにくい表現は具体化して言いかえる**より、指示語「こう」＝「王子が今日も部屋でだらだらしている」と言いかえましょう。すると、王様が決意した理由は、〈**王子が今日も部屋でだらだらしている**のは自分のせいだと感じたから〉と表すことができますね。

▼手順❸ 「理由＋気持ち（結果）」の文を作り、「理由」と「気持ち（結果）」の因果関係が正しいかどうかを確かめる。

手順❷で考えた「理由」が正しいかどうかは、《理由問題》のときと同じように、「理由＋気持ち（結果）」の文を作ってみます。（《気持ち問題》では、「気持ち」を「結果」として考えます。ちなみに、「原因」というのは物事を引き起こす元となるもので、「理由」は人の行為や判断の元となるものを指します。厳密には少し違いますので、「気持ち」の場合には「理由」という言葉を用いています）

「理由」＝王子が今日も部屋でだらだらしているのは自分のせいだと感じたから

「気持ち（結果）」＝今度こそは何があっても助けないという決意

これを「理由＋気持ち（結果）」の文にしてみると、〈王子が今日も部屋でだらだらしているのは自分のせいだと感じたから（理由）、今度こそは何があっても助けないと決意している。（気持ち）〉となります。「理由」と「気持ち（結果）」のつながりはよさそうですね。

▼手順❹「理由＋気持ち」を「わかりやすい解答」に整える。

最後に「わかりやすい解答」に整えて終わりです。

【解答例】　王子が今日も部屋でだらだらしているのは自分のせいだと感じたから、今度こそは何があっても助けないと決意している。

■■■ 気持ちの変化の問題 ■■■

《気持ちの変化の問題》の解き方の手順

手順❶「変化後の気持ち」を読み取る。

手順❷「変化後の気持ちの理由（変化のきっかけ）」を本文中から読み取る。

手順❸「変化前の気持ち」を読み取る。（「変化後の気持ち」の逆になっていることが多い）

手順❹「変化前の気持ちの理由」を本文中から読み取る。

手順❺「変化前の気持ちの理由＋変化前の気持ち＋変化後の気持ちの理由（変化のきっかけ）＋変化後の気持ち」で解答を書く。

《気持ちの問題》にはちょっとしたバリエーションがあります。その一つが《気持ちの変化の問題》です。

物語文では大抵、はじめと終わりで人物の「気持ち」が変化していることが多く、その気持ちの変化を説明させるのがこのタイプの問題です。気持ちが変化するということは、何らかの「変化のきっかけ」がありますから、それを読み取ることが《気持ちの変化の問題》では大切になります。

【例題B】その日も王子は部屋でだらだらしていた。結局、最後は王様が助けてくれると思っているのだ。そこで、こうなったのは自分のせいだと感じた王様は、今度こそは何があっても助けないぞ、と心に誓うのであった。こうしてその日、王様は「いじわるな王様」になったのである。

王様は王子の頼みを一切きかなくなった。王妃にも甘やかさないように言った。学校の級友にいじめられたり、勉強ができないことを姫にからかわれたりした王子に泣きつかれても、ぐっと我慢した。そんな日が一か月も続いた。

さて、王子は変わっただろうか？　いや、まったく変わらなかったのである。相変わらず今日も王子は部屋でだらだらしている。王様は大きくため息をついた。そして、また「やさしい王様」に戻ったのである。

【問】「また『やさしい王様』に戻ったのである」とあるが、王子に対する王様の気持ちはどのように変化したか、説明しなさい。

▼手順❶「変化後の気持ち」を読み取る。

《気持ちの変化の問題》では、「変化**後**の気持ち」を先に読み取ることがコツです。なぜかと言えば、「変化**後**の気持ち」というのは傍線部のときの「気持ち」なので、見つけやすいからです。

では、傍線部付近の「言動（セリフ、行動、表情）」や「情景描写」から、王様の「気持ち」を読み取ってみましょう。ここでは傍線部の直前に「王様は大きくため息をついた」という王様の「言動」がありますね。王様が大きくため息をついている様子を頭の中に映像化して、「気持ち」をイメージしてみましょう。

「ため息をつく」というのは「がっかりした」ときや「あきれた」とき、それがさらに進んで「あきらめ」を感じたときの行動です。ここでは、「もうこれ以上『いじわるな王様』でいても王子は変わらないだろうな」という「あきらめ」が一番近いのでしょう。ですから「変化後の気持ち」としては、〈王子を変えることに対するあきらめ〉が考えられるかと思います。

▼手順❷「変化後の気持ちの理由（変化のきっかけ）」を本文中から読み取る。

王様が〈王子を変えることに対するあきらめ〉を覚えることになった「理由（きっかけ）」は何でしょう。――これは本文に「そんな日が一か月も続いた」「さて、王子は変わっただろうか？ いや、まったく変わらなかったのである」などとありますから、〈一か月しても王子はまったく変わらなかったから〉などと考えることができそうです。

念のため、《気持ち問題》のときと同じように「理由＋気持ち（結果）」の文を作ってみると、〈一か月しても王子はまったく変わらなかったから（理由）、王子を変えることをあきらめた（気持ち）〉となります。因果関係は正しいですね。

▼手順❸「変化前の気持ち」を読み取る。（「変化後の気持ち」の逆になっていることが多い）

では、王様は最初、王子に対してどんな「気持ち」だったのでしょう。――これは「例題A」でやったように〈今度こそは何があっても助けないという決意〉ですが、**「変化前の気持ち」は「変化後の気持ち」の逆になっていることが多い**ことは覚えておいてください。「変化後の気持ち」から「変化前の気持ち」を推測するときに役立ちます。

実際にここでも、〈あきらめ〉おおよそ反対にあたる気持ちが〈決意〉になっていますよね。

▼手順❹「変化前の気持ちの理由」を本文中から読み取る。

「変化前の気持ちの理由」も「例題A」でやったように、〈王子が部屋でだらだらしているのは自分のせいだと感じたから〉ですね。因果関係の確認も「例題A」ですでに行っていますから、ここでは省略します。

▼手順❺「変化前の気持ちの理由＋変化前の気持ち＋変化後の気持ちの理由（変化のきっかけ）＋変化後の気持ち」で解答を書く。

さて、これで解答に入れるすべての要素がそろいました。

［変化**前**の気持ちの理由］……王子が部屋でだらだらしているのは自分のせいだと感じたから
［変化**前**の気持ち］…………今度こそは何があっても助けないという決意
［変化**後**の気持ちの理由］……一か月しても王子はまったく変わらなかったから
［変化**後**の気持ち］…………王子を変えることに対するあきらめ

あとはこれらを「わかりやすい解答」としてまとめましょう。**解答のルール① 主語・述語・目的語のわかりやすい文にする** に気をつけて書くと、次の解答例のようになります。（なお、今回は「変化**後**の気持ち」「変化**後**の気持ちの理由」を先に考えましたが、「変化**前**の気持ち」「変化**前**の気持ちの理由」を先に考えた方が解きやすい場合にはそれでも構いません。要は、やりやすいやり方でやればよい、ということですね。）

【解答例】　王子が部屋でだらだらしているのは自分のせいだと感じた王様は、今度こそは何があっても助けないという決意をしていたが、一か月しても王子はまったく変わらなかったため、王子を変えることをあきらめた。

■■■ 気持ちの葛藤《かっとう》の問題 ■■■

《気持ちの葛藤の問題》の解き方の手順

手順❶ 二つの相反する「気持ちA」と「気持ちB」をそれぞれ読み取る。

手順❷ 「気持ちA」の「理由A」と「気持ちB」の「理由B」をそれぞれ本文中から読み取る。

手順❸ 「理由＋気持ち（結果）」の文をA、Bそれぞれ作り、「理由」と「気持ち（結果）」の因果関係が正しいかどうかを確かめる。

手順❹ 「理由A＋気持ちA＋理由B＋気持ちB」で解答を書く。

「遊びたい」けれど「勉強しなければいけない」というように、人の心の中には、相反《あいはん》する「気持ち」が同時に存在することが少なくありません。そんな相反する「気持ち」を説明する問題を《気持ちの葛藤の問題》と呼んでいます。「葛藤」というのは、「相反する気持ちの間で迷う状態」のことです。

【例題C】その日も王子は部屋でだらだらしていた。結局、最後は王様が助けてくれると思っているのだ。そこで、

こうなったのは自分のせいだと感じた王様は、今度こそは何があっても助けないぞ、と心に誓うのであった。こうしてその日、王様は「いじわるな王様」になったのである。

王様は王子の頼みを一切きかなくなった。王妃にも甘やかさないように言った。学校の級友にいじめられたり、勉強ができないことを姫にからかわれたりした王子に泣きつかれても、ぐっと我慢した。そんな日が一か月も続いた。


【問】「ぐっと我慢した」とあるが、ここでの王様の気持ちを説明しなさい。

▼手順❶　二つの相反する「気持ちA」と「気持ちB」をそれぞれ読み取る。

ここでの王様の「気持ち」はそう単純ではありませんね。「今度こそはなにがあっても助けないぞ、と心に誓うのであった」「ぐっと我慢した」といった言動から、〈王子を助けたい〉という「気持ちA」と、〈王子を助けるのをこらえている〉という、相反する「気持ちB」が読み取れます。

▼手順❷　「気持ちA」の「理由A」と「気持ちB」の「理由B」をそれぞれ本文中から読み取る。

まず〈王子を助けたい〉という「気持ちA」に対する「理由A」は何でしょうか。

本文に「学校の級友にいじめられたり、勉強ができないことを姫にからかわれたりした王子」とありますから、「理由A」は、〈学校の級友にいじめられたり、勉強ができないことを姫にからかわれたりした王子がかわいそうだから〉

などと考えることができそうです。

次に、〈王子を助けるのをこらえている〉という「気持ちB」に対する「理由B」を考えます。

これは「例題A」でやったように、〈王子が部屋でだらだらしているのは自分のせいだと感じ、今度こそは何があっても助けないという決意をしていたから〉ですね。

▼手順❸「理由＋気持ち（結果）」の文をA、Bそれぞれ作り、「理由」と「気持ち（結果）」の因果関係が正しいかどうかを確かめる。

このあたりはもう慣れてきましたか。

A……〈学校の級友にいじめられたり、勉強ができないことを姫にからかわれたりした王子がかわいそうだから（理由）、王子を助けたい（気持ち）。〉↓因果関係ＯＫ

B……〈王子が部屋でだらだらしているのは自分のせいだと感じ、今度こそは何があっても助けないという決意をしていたから（理由）、助けるのをこらえている（気持ち）。〉↓因果関係ＯＫ

▼手順❹「理由A＋気持ちA＋理由B＋気持ちB」で解答を書く。

最後は**解答のルール①主語・述語・目的語のわかりやすい文にする**に注意して、「理由A＋気持ちA＋理由B＋気持ちB」で解答を作ります。**《気持ちの葛藤の問題》は、《気持ち問題》を二つつなげた問題と考えてもよいですね。**

【解答例】

学校の級友にいじめられたり、勉強ができないことを姫にからかわれたりしてかわいそうだから王子を助けたいが、王子が部屋でだらだらしているのは自分のせいだと感じ、今度こそは何があっても助けないという決意をしたため、助けるのをこらえている。

記述問題におけるその他の注意事項

注意点1　模範解答通りに書けなくても心配しないこと。

模擬試験や入試過去問の模範解答と自分の解答がかけはなれているからといって、「自分は記述問題ができない！」なんて思わないようにしましょう。模範解答というのは、模擬試験や入試問題の作成者が念を入れて作った解答です。ですから、時間制限のある中で、きみたちが模範解答通りに書けなくて当然なのです。

また、模範解答通りに書けなくても入試には十分合格できます。記述問題であれば、まずは常に七割程度の解答を作れる力を目指してください。そして、本書でも繰り返して書いていますが、なるべく本文を生かした解答を書くように心がけてください。模範解答というものは得てして、本文の言葉をうまく言いかえた表現を使っていることが多いのですが、きみたち中学受験生がそれを無理に真似る必要はありません。記述問題の解答は「わかりやすい解答」を作ることが一番です。ですからそのためには、繰り返しになりますが、本文の言葉を生かした解答がよいのです。本書でも【解答例】はなるべく本文を生かした解答を示すようにしています。

注意点2

設問の「条件」をふまえた解答にすること。

記述問題の設問には、解答に入れるべき「条件」がしばしば示されます。解答がその「条件」を満たしていない場合、高得点は望めませんので、必ず「条件」を満たした解答を作らねばなりません。ここでは特に、注意すべき「条件」と、その「条件」を満たすにはどう書けばよいかを簡潔に示しておきます。

・【条件】「具体的に」↓本文に書かれている固有名詞や具体例を使って解答を作ります。
・【条件】「わかりやすく」↓抽象的でわかりにくい内容は具体的にかみくだいて、具体例はわかりやすく抽象化して書きましょう。
・【条件】「自分の言葉で」↓本文の言葉をそのまま使わずに、自分の言葉で言いかえて解答を作ります。ただし、あくまで本文の内容にそって書くこと。自分勝手な内容や自分の意見を書くのではないことに注意。
・【条件】「本文全体をふまえて」↓論説文では、「本文のテーマ（主題）」にからめた解答を作る。物語文では、物語全体から読み取れる「テーマ」や「気持ちの変化」、「状況の変化」を解答に入れるのがよいでしょう。

注意点3

指定字数の八割以上書くことを目安に。

記述問題に指定字数がある場合、解答は指定字数の八割以上書くことを目安としましょう。たとえば「60字以内で説明しなさい」とあれば、48字以上、60字以内で書くということです。

注意点4

解答の中に、比喩表現／くだけた表現／擬音語・擬態語は使わないこと。

それぞれ次の【例】のように言いかえて表現するようにします。

(1) 比喩表現

【例】一寸法師は**スーパーマンのような活躍**をした。↓一寸法師は**大活躍**をした。

(2) くだけた表現

【例】一寸法師は**チビ**の**くせに**生意気だ。↓一寸法師は**小さいにもかかわらず**生意気だ。

【例】かぐや姫は求婚者たちに**すごい**無理難題を言いつけた。

↓かぐや姫は求婚者たちに**大変な**無理難題を言いつけた。

(3) 擬音語・擬態語

【例】桃太郎は鬼たちを**ばっさばっさと**切り倒した。

↓桃太郎は鬼たちを**勢いよく**次々に切り倒した。

【例】大きな桃が**どんぶらこどんぶらこ**と流れてきた。

↓大きな桃が**水に浮いたり沈んだりしながら**流れてきた。

注意点5

模範解答や解説をすぐに見ないこと。

記述問題の解答を書く力は、**「記述問題の解き方」にしたがって自力でなんとか解答を作り上げることによってこそ向上する**ものです。自分で解答を作る前に模範解答を見て納得したからといって、自分で試行錯誤しながら解答を作る努力を重ねない限り、いつまでたっても記述問題の解答力は上がりません。

付録1　記述の技術40　チェックシート

読み方の技術

□□□ 技術1　本文を最後まで読んでから解く

□□□ 技術2　論説文は対話と予測で読む

□□□ 技術3　論説文のマーク①　主張表現・強調表現

□□□ 技術4　論説文のマーク②　具体例の前後のまとめ部分

□□□ 技術5　論説文のマーク③　問いと答え

□□□ 技術6　論説文のマーク④　言葉の定義

□□□ 技術7　論説文のマーク⑤　対比

□□□ 技術8　論説文のマーク⑥　キーワード

□□□ 技術9　論説文のマーク⑦　譲歩構文と「むしろ」

□□□ 技術10　物語文は映像化しながら読む

□□□ 技術11　物語文は登場人物の不満・悩み・気づきに着目して読む

□□□ 技術12　物語文のマーク❶　登場人物の情報

□□□ 技術13　物語文のマーク❷　登場人物の気持ち

□□□ 技術14　詩をミクロに読む（同化して、五感を働かせながら読む）

□□□ 技術15　詩をマクロに読む（テーマと作者の伝えたいことを読む）

■■■ 使えるようになった
■■　少し使えるようになった
■　　理解できた
「記述の技術」の習熟度を３段階で自己評価し、
□を塗ってみましょう。目指せ、完全マスター！

解き方の技術

□□□ 技術16 設問文の「聞かれていること」と「条件」にマークする
□□□ 技術17 傍線部のルール❶ 傍線部を含む一文は丁寧に読む
□□□ 技術18 傍線部のルール❷ 傍線部はいくつかの部分に分けて考える
□□□ 技術19 傍線部のルール❸ 傍線部内の指示語・比喩・わかりにくい表現は具体化して言いかえる
□□□ 技術20 傍線部のルール❹ 傍線部内の言葉と同じ言葉・似た言葉に注目する
□□□ 技術21 傍線部のルール❺ 傍線部内に省略された主語・述語・目的語を補う
□□□ 技術22 本文主義／解答の根拠をもとに解答を作る
□□□ 技術23 本文主義／なるべく本文の言葉を使って書く
□□□ 技術24 短く分けて考える
□□□ 技術25 解答の根拠にマークして、解答要素をそろえてから書く
□□□ 技術26 解答のルール① 主語・述語・目的語のわかりやすい文にする
□□□ 技術27 解答のルール② 指示語・比喩・わかりにくい表現は具体化して言いかえる
□□□ 技術28 解答のルール③ 具体例は抽象化して言いかえる
□□□ 技術29 解答のルール④ 文末表現に注意する
□□□ 技術30 長い解答を書くときの手順
□□□ 技術31 長い解答は分けて書く
□□□ 技術32 解答の要素は多めに入れる
□□□ 技術33 名詞化と抽象化で字数を減らす
□□□ 技術34 必要な情報は補って書く

□□□ 技術35　「理由」とは「結果」を直接的に生み出すもの

□□□ 技術36　「目的」や「意味内容」も「理由」になる

□□□ 技術37　「違い」や「変化」は「対比」で書く

□□□ 技術38　なるべく多くの「気持ち」を入れる

□□□ 技術39　「気持ち」は「自分に対する気持ち」と「相手に対する気持ち」の両方を考える

□□□ 技術40　自分の書いた解答を読み直してみる

付録２　記述問題の四つのパターンの書き方の手順

１ 言いかえ問題…傍線部の言葉を別の言葉でわかりやすく説明する問題

手順❶ 傍線部をいくつかの部分に分ける。

手順❷ それぞれの部分を、別のわかりやすい言葉で言いかえる。

手順❸ ❷でできた文を「わかりやすい解答」に整える。

２ 理由問題…ものごとの因果関係を説明する問題

手順❶ 「○○はなぜか」「○○の理由を説明しなさい」の○○を「結果」とする。
（※ 傍線部が「結果」になっていることが多い）

手順❷ 「結果」に対する「原因・理由」を本文中から読み取る。
（※ 原則として、物語文・随筆では「気持ち」も入れる）

手順❸ 「原因・理由＋結果」の文を作り、「原因・理由」と「結果」の因果関係が正しいかどうかを確かめる。

手順❹ 「原因・理由」の部分を「わかりやすい解答」に整える。（文末は「～から」）

3 まとめ問題…ものごとの違いや共通点、またはその内容をまとめる問題

手順❶ 説明すべき部分を本文中から見つける。（具体例ではなく、具体例をまとめた部分から）

手順❷ ❶で見つけた部分を「わかりやすい解答」としてまとめる。

4 気持ち問題…人物の気持ちやその変化を説明する問題

手順❶ 言動・情景描写から「気持ち」を読み取る。（映像化してイメージする）

手順❷ その「気持ち」になった「理由」を本文中から読み取る。

手順❸ 「理由＋気持ち（結果）」の文を作り、「理由」と「気持ち（結果）」の因果関係が正しいかどうかを確かめる。

手順❹ 「理由＋気持ち」を「わかりやすい解答」に整える。

気持ちの変化の問題

手順❶ 「変化後の気持ち」を読み取る。

手順❷ 「変化後の気持ちの理由（変化のきっかけ）」を本文中から読み取る。

手順❸ 「変化前の気持ち」を読み取る。（「変化後の気持ち」の逆になっていることが多い）

手順❹ 「変化前の気持ちの理由」を本文中から読み取る。

手順❺ 「変化前の気持ちの理由＋変化前の気持ち＋変化後の気持ちの理由（変化のきっかけ）＋変化後の気持ち」で解答を書く。

気持ちの葛藤の問題

手順❶　二つの相反する「気持ちＡ」と「気持ちＢ」をそれぞれ読み取る。

手順❷　「気持ちＡ」の「理由Ａ」と「気持ちＢ」の「理由Ｂ」をそれぞれ本文中から読み取る。

手順❸　「理由＋気持ち（結果）」の文をＡ、Ｂそれぞれ作り、「理由」と「気持ち（結果）」の因果関係が正しいかどうかを確かめる。

手順❹　「理由Ａ＋気持ちＡ＋理由Ｂ＋気持ちＢ」で解答を書く。

付録3　よく使う気持ちの言葉50

物事がうまくいった、プラスの状況	うれしい／喜ぶ／楽しい
思うようにいかない、マイナスの状況	不満だ／くやしい／いらだつ
マイナスの状況を人や物にぶつけたいとき	怒る
嫌なこと、嫌いな人に接しているとき	不愉快だ
失敗し、自分や相手が普通よりだめだと思うとき	情けない
相手と同じ気持ちや考えのとき	共感する／親しみを抱く／親近感を覚える
相手がずっと上で、自分もそうなりたいと思う	尊敬する／あこがれる
相手のプラス状況にいらだち、認めたくないとき	うらやましい／しっとする／ねたむ
相手のマイナス状況を第三者的立場からかわいそうに思うとき	同情する／あわれむ
相手を自分より下だと思い、ばかにするとき	けいべつする／見下す／みくびる／あなどる
相手があまりにプラスすぎて、自分を下に感じる	劣等感を覚える（抱く）
自分が相手よりも上で、それを誇りに思うとき	優越感を覚える（抱く）
不安なことや心配事がなくなったとき	安心する／ほっとする
嫌なことや悩み、不快感がなくなったとき	さっぱりする／晴れ晴れする／すがすがしい
大変なことをやりきった、うまくいったとき	充実感／達成感／満足感／誇らしい

予想とは違っていたとき	意外だ／とまどう／困惑する
プラスだと期待していたらマイナスだったとき	がっかりする／失望する／残念に思う
悪いことをして、自分に非があると思うとき	うしろめたい／罪悪感を覚える／申し訳ない
悪いことをして、もう二度としないぞと思うとき	反省する
悪いことをして、しなければよかったと思うとき	後悔する／悔やむ
未来に起こることに、力を発揮しようと思うとき	はりきる／意気込む
未来に、プラスをしよう／プラスになろうと強く思うとき	決心する／決意する
過去や未来のマイナスに対して「大丈夫だろうか」と思うとき	不安だ／心配だ／気がかりだ
未来に起こる良いことを心待ちにしているとき	期待する／楽しみにする／待ち遠しい
○○をするかしないか苦しみながら考えているとき	なやむ／困る
○○をしていいのかわからず、行動できずにいるとき	迷う／ためらう／とまどう
○○するのは無理だと思い、行動しなくなるとき	あきらめる
自分が相手よりマイナスなので、思うように行動できないとき	気が引ける／気おくれする
よくわからない出来事があったとき	不思議に思う
何か違うような気がするとき	違和感を覚える／けげんに思う
予想外の出来事に接したとき（プラス、マイナス）	驚く
予想外の出来事に、心が強くゆさぶられたとき	動揺する／衝撃を受ける
予想外の出来事に、体の力が抜けて、何も行動できなくなるとき	あぜんとする／ぼうぜんとする

自分の非を認めず、自分の意見を押し通すとき	意地を張る／意地になる
心では自分の非を認めながらも、その反対をよそおっているとき	強がる／素直になれない
自分に力がなく、何もできないと感じるとき	無力感を覚える
自分や自分に近い人が優れていることを示せたとき	誇らしい／得意になる
失敗などをして、自分で自分が嫌になるとき	自己嫌悪
相手のプラス面を大いに認めているとき	感心する
相手にしてもらったことをありがたく思い、お礼を伝えたいとき	感謝する
相手の言動に納得がいかず、素直に受け入れられないとき	反発する／反感を抱く
相手のマイナス状況を少しでもやわらげたいとき	なぐさめる／いたわる
相手を元気づけ、少しでもプラス状況にしたいとき	応援する／はげます
マイナスだと思っていたらプラスだったとき	見直す
子供や動物の無邪気な様子を見たとき	ほほえましい
大人が自分の子供や孫に強い愛情を感じたとき	いとおしい
素晴らしいものに触れ、強く心が動かされたとき	感動する
悲しさ、さみしさ、恋しさがからみあい、胸が苦しくなるとき	せつない
自分の思うようにいかず、気持ちが晴れないとき	もどかしい／はがゆい
失敗を見られた／人より劣っていると思う／好きな人と関わるとき	恥ずかしい

◆著者プロフィール◆

若杉朋哉（わかすぎともや）

1975年、東京都生まれ。
埼玉県立浦和高等学校、慶應義塾大学文学部哲学科卒。
記述問題対策に特化した中学受験国語専門塾「若杉国語塾」代表。
趣味は俳句。

■主な著書■
『中学受験国語　記述問題の徹底攻略』
『中学受験国語　選択肢問題の徹底攻略』
（以上、エール出版社刊）

中学受験国語
記述の技術40

2023年 4 月 5 日　初版第1刷発行

著　者　若杉朋哉
編集人　清水智則　発行所　エール出版社
〒101-0052　東京都千代田区神田小川町 2-12　信愛ビル4F
電話　03(3291)0306　FAX　03(3291)0310
メール　edit@yell-books.com

＊乱丁・落丁本はおとりかえします。

＊定価はカバーに表示してあります。

ISBN978-4-7539-3543-7